커피에 담긴 리듬을 깨우다

커피에 담긴 리듬을 깨우다

하루 한 잔 감미로운 커피 선율

민한중 지음

DAEWONSA

| 머리글 |

커피와 가장 가까이 있는 친구와 같은 존재

오랫동안 음반사에서 일을 하며 많은 음악을 만났다. 생각해 보니 음악을 들을 때면 언제나 커피가 곁에 있었다. 아름다운 음악에도 온 마음을 빼앗길 수 있지만 여기에 향미가 좋은 커피가 곁들여지면, 그 곳은 언제나 가장 향기로운 공간이 되어 주었다. 커피가 전해주는 향과 입으로 전해지는 맛의 감동이 서로 다른 리듬과 멜로디를 떠오르게 하고, 그 리듬에 실어 마시는 커피. 나는 그 커피의 매력에 빠져 있다. 그리고 이제 커피와 함께 긴 여정을 떠나려 한다.

커피의 맛에는 다양한 변수가 작용하므로 그 맛을 이 글에서 표현해 놓은 것도 지극히 개인적일 것이다. 이 글은 커피를 추출하고 마시며 느껴지는 맛을 생각나는 대로 적어 놓은 글이다. 그리고 음악과 함께 그 맛을 표현해 본 것이다. 커피와 함께 자연스럽게 접하던 음악이 어쩌면 커피와 가장 가까이에 있는 친구 같은 존재이구나, 라는 생각에서……

그렇게 커피를 마시며 그 향미 속에서 느껴지는 곡들을 적어 보았고, 왜 그 곡을 떠올리게 되었는지를 설명하며, 그 곡에 대한 여러 가지 이야기들을 쓰게 되었다.

이 글에는 알아두면 좀더 커피를 즐겁게 즐길 수 있는 커피 관련 정보와 음악에 관련된 웃음, 슬픔, 감동이 있는 다양한 이야기들을 적어 놓았다. 물론 부족함도 알고 아쉬움도 남지만 이 책을 쓰며 나의 작은 바람이 있었다.

"이 글을 읽고 누군가가 그 커피가 마시고 싶어지고, 한 번쯤 그 음악을 찾아 듣고 싶어지면 좋겠다."

끝으로 이 글을 쓸 수 있도록 많은 분들이 관심과 사랑을 보내주셨다.

그 분들께 진심으로 감사한다.

커피 향미가 가득한 봄날

민한중

Contents

머리글 … 커피와 가장 가까이 있는 친구 같은 존재 4

Part 1 :: 음악으로 내리는 커피 선율

장밋빛 솜사탕 엘살바도르 SHG 14
… 에디트 피아프 장미빛 인생, 사랑의 찬가

진한 감정의 멜로디 코피 루왁 20
… 빌리 홀리데이 I'm a fool to want you

아름답고 열정적인 탱고의 유혹 우간다 부기수 26
…『여인의 향기』 Por una cabeza

새로운 물결의 감미로움 브라질 산토스 33
… The girl from Ipanema

동화 속 맑고 투명한 눈꽃 과테말라 안티구아 SHB 40

…『러브 레터』 A winter story

사랑을 속삭이는 서정적인 맛 멕시코 알투라 베라크루즈 45

… 트리오 로스 판초스 Solamente una vez

공존할 수 없는 관능미와 정숙미 인도네시아 수마트라 만델링 G1 49

…『화양연화』 Quizas Quizas Quizas, 벵가완 솔로

무지개 넘어 아름다운 세상 하와이안 코나 엑스트라 팬시 56

… Israel Kamakawiwo'ole Over the rainbow What a wonderful world

오래된 앨범에 녹아든 커피 향 콜롬비아 슈프레모 62

…『노팅 힐』 She

여름 소나기처럼 내리는 꿈결 같은 단맛 케냐 AA 67

…『아웃 오브 아프리카』 Flying over Africa

Part 2 :: 커피 향에 스며든 멜로디

별처럼 맑은 커피 파푸아 뉴기니 시그리 AA 76

… 『피노키오』 When you wish upon a star

맑고 깨끗한 여백의 맛 온두라스 SHG 82

… 『말할 수 없는 비밀』 Secret

바다를 닮은 바람의 향 인도 몬순 말라바 AA 88

… 『타이타닉』 My heart will go on

잊히지 않는 소중한 시간 에티오피아 모카 하라 롱 베리 94

… 『러브 액츄얼리』 All you need is love

향미의 경계 예멘 모카 마타리 101

… 마리사 몬테 Amor I love you

웅대한 아프리카 대륙의 향미 탄자니아 AA 106

… Lion sleep tonight

여성스럽고 사랑스러운 향미 에티오피아 모카 예가체프 113

… 노라 존스 Those sweet words

화사한 꽃밭에서 맞는 상쾌한 아침 파나마 게이샤 118

… 『라크메』 꽃의 이중창

여행을 떠나요 에티오피아 모카 시다모 124

… 『비포 선라이즈』 Come here

깊은 숲의 향기 페루 쿠스코 130

… 『가을의 전설』 The ludlows, 엘콘도 파사

Part 3 :: 달콤한 리듬에 풍부한 향미

첼로 선율을 타고 흐르는 평온함 자메이카 블루 마운틴 138

… 알비노니 아다지오 G단조

아련한 추억의 향기 동티모르 144

… 『시네마 천국』 Cinema paradiso, Toto & Alfredo

입안에 울리는 댄스 리듬 코스타리카 따라주 SHB 152

… 『쉘 위 댄스』 Shall we dance

사람을 깨우는 자연의 힘 르완다 버번 159

… 『포카혼타스』 Colors of the wind

그리움이 스며드는 순수함 도미니카 산토 도밍고 AA 165

… 그리그 솔베이지 송

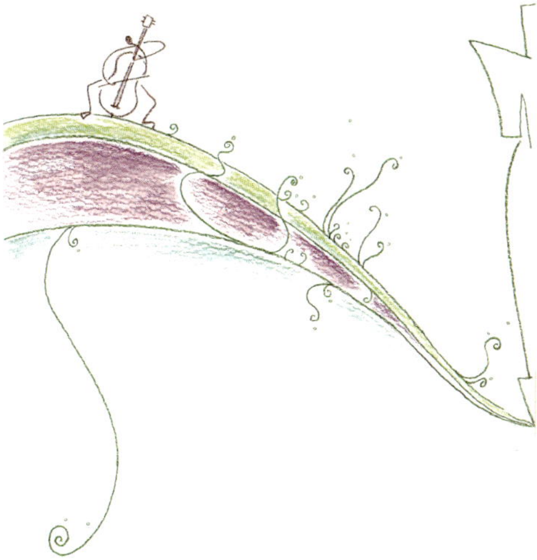

와인잔에 담긴 나른한 단잠 더치 커피 171

…『잉글리쉬 페이션트』 골드베르크 변주곡 중 아리아

서로 다른 삶에 올려진 달콤한 크림 아이리시 커피 176

…『원스』 If you want me

가슴에 묻어둔 사랑 카페 라떼 181

… 브람스 교향곡 3번 3악장

작은 잔에 담긴 뜨거운 감동 에스프레소 188

… 비탈리 샤콘느 G단조

잊힌 감각을 깨우는 달콤한 키스 카푸치노 192

…『나인 하프 위크』 Slave to love

Part 1

음악으로 내리는 커피선율

엘살바도르 SHG … 장미빛 인생, 사랑의 찬가

코피 루왁 … I'm a fool to want you

우간다 부기수 … Por una cabeza

브라질 산토스 … The girl from Ipanema

과테말라 안티구아 SHB … A winter story

멕시코 알투라 베라크루즈 … Solamente una vez

인도네시아 수마트라 만델링 G1 … Quizas Quizas Quizas, 벵가완 솔로

하와이안 코나 엑스트라 팬시 … Over the rainbow What a wonderful world

콜롬비아 슈프레모 … She

케냐 AA … Flying over Africa

장밋빛 솜사탕

엘살바도르 SHG

:

에디트 피아프

장미빛 인생, 사랑의 찬가

화사한 커피 향만큼이나 화려하고 짙은 삶을 살아간 여인이 있다. 프랑스를 대표하는 국민 가수로 만인의 연인이라 불리는 여인, 에디트 피아프.

수많은 시인이나 소설가들이 라디오에서 흘러나오는 에디트 피아프의 노래를 들으며 한 잔의 커피와 자욱한 담배연기 속에 마음을 적셔 글을 썼으리라.

뛰어난 가창력으로 프랑스 불멸의 가수가 된 그녀. 그녀를 생각하면 영화 같은 그녀의 삶이 떠오른다. 그녀의 음악에는 자신의 삶과 사랑이 그대로 담겨 있기에, 많은 사람들이 음악을 들으며 그녀의 모든 것을 추억한다.

피아프는 작은 참새라는 뜻을 가지고 있는데, 키 150㎝도 안 되는 작고 가냘픈 체구에 늘 검은색 옷을 즐겨 입었던 그녀에게 아주 잘 어울리는 이름이다. 1915년 파리에서 태어난 그녀의 어린 시절은, 같은 해에 태어난 빌리 홀리데이의 힘들었던 어린 시절을 떠올리게 한다.

에디트는 어린 시절 삼류 가수였던 어머니에게 버림받고, 사창가에서 일하는 할머니 손에 자라게 된다. 그곳에서 잠시 창녀들의 사랑을 받으며 지냈지만, 태어날 때부터 어른들의 무관심 속에 자란 에디트는 눈을 잘 관리하지 못해 실명의 위기까지 겪게 된다. 소녀가 된 에디트는 거리의 곡예사인 아버지를 따라다니며 거리에서 노래를 부르며 살게 된다.

생계를 위해 스스로 클럽을 찾아가 노래를 부르게 된 빌리 홀리데이와는 다르게, 에디트는 거리에서 노래를 부르던 중 한 카바레 경영자의 눈에 띄어 정식으로 가수의 길을 걷는다.

작은 체구였지만 그녀가 뿜어내는 노래는 불꽃처럼 강하게 터져 나왔고, 아련하게 떨리는 고음은 듣는 이의 가슴을 파고들었다. 부드러운 목소리는 아름다운 파리의 낭만을 담고 있었고, 호소력 짙은 그녀의 노래에 청중은 울고 또 웃었다.

프랑스 최고의 가수가 된 에디트는 어린 시절 받지 못한 사랑을 늘 찾아다닌 것 같다. 에디트는 이브 몽탕을 사랑했을 때 세상 모든 것이 아름다운 핑크빛으로 보였고, 그 마음을 담아 직접 작사한 곡 '장미빛 인생'을 부른다. 사랑에 빠진 여인의 목소리가 그대로 이 곡에 스며들었고, 듣는 이로 하여금 그 사랑을 느끼게 만들었다. 그 후 많은 가수들이 '장미빛 인생'을 불러 자신의 앨범에 수록하였고, 여러 영화에서도 이 음악을 만날 수 있게 되었다.

1954년 오드리 헵번 주연의 영화 『사브리나』는 영화 전반에 '장미빛 인생'의 아름다운 멜로디가 가득 했던 영화로 기억 된다. 마음을 감추지 않는 요정처럼, 오드리 헵번은 사랑하는 사람이 자신을 보아 주지 않을 때 가장 외롭고 쓸쓸한 표정을 지었고, 그 사람이 자신을 보아 주고 사랑의 눈길을 보내자 세상 모든 것을 얻은 듯 가장 환한 미소를 지었다. 사랑받는 여인의 모습은 세상 그 무엇보다 아름다운 빛을 품는다. 험프리 보가트와 근사한 오픈카를 타고 시

엘살바도르 SHG 커피는 에디트 피아프의 삶만큼이나 향기로운 커피이다. 장미와 함께 여러 종류의 꽃을 모아 만든 꽃다발에서 은은히 전해오는 그런 향.

골길을 따라 집으로 돌아오는 차 안에서 사랑이 넘친 미소와 함께 '장미빛 인생'을 부르던 그녀의 모습.

에디트 피아프가 그러했듯 오드리 햅번도 세상이 아름다운 장미빛으로 보이는 여인의 마음으로 이 곡을 부르고 있었다. 파리의 낭만과 사랑을 떠오르게 하던 곡 '장미빛 인생'은 이 영화 전체에 끊임없이 흘렀다.

장미빛 인생을 나누며 영원히 함께 할 것 같았던 에디트와 이브 몽탕의 사랑이 끝이 나고 얼마간의 시간이 흘렀다. 에디트는 권투 선수 마르셀 세르당과 다시 사랑을 시작한다. 에디트는 마르셀을 진심으로 사랑하게 되었고, 폭풍 같은 사랑을 나눈다. 그러나 이번 사랑도 슬픈 결말을 맺게 된다. 권투 시합을 끝낸 마르셀이 에디트를 만나러 오던 중 비행기 추락 사고로 사망하게 된 것이다.

에디트는 극도의 충격을 받고 슬픔에 빠져 한동안 아무것도 할 수 없었다. 그러던 어느 날 에디트는 마르셀에게 바치는 곡을 만든다. 그 곡이 바로 유명한 에디트 피아프의 명곡 '사랑의 찬가'이다.

이브 몽탕을 사랑했던 시절 그녀는 감미롭고 사랑스러운 목소리로 '장미빛 인생'을 불렀고, 사랑하는 마르셀 세르

당을 사고로 잃은 후에는 슬픔을 참아내는 애잔한 목소리로 '사랑의 찬가'를 불렀다

1963년 그녀가 세상을 떠나자 프랑스는 슬픔에 잠겼고, 그녀의 오랜 친구인 시인 장 콕도는 그 슬픔과 충격으로 얼마 뒤 세상을 떠났다고 한다.

엘살바도르 SHG 커피는 에디트 피아프의 삶만큼이나 향기로운 커피이다. 장미와 함께 여러 종류의 꽃을 모아 만든 꽃다발에서 은은히 전해오는 그런 향.

향과 함께 마시는 이 커피에는 누구나 편하게 즐길 수 있는 상큼함과 쌉쌀함이 있다. 그 상큼함은 솜사탕처럼 감미로운 단맛을 더 도드라지게 해준다. 그리고 입안에서 잠시 머금었다가 목안으로 넘어갈 때 혀에 느껴지는 질감은 실크가 바람을 타고 손등을 스쳐갈 때의 촉감처럼 부드럽다.

사랑하는 사람 때문에 세상 모든 것이 아름답게 보였던 에디트 피아프의 '장미빛 인생'과 함께한다면 부드러운 커피의 맛과 장미향을 맡을 수 있을 것이고, 슬픔을 참아내며 그녀가 부르던 '사랑의 찬가'와 함께 한다면 커피의 실크 같은 질감과 따뜻해지는 마음을 느낄 수 있을 것이다.

진한 감정의 멜로디

코피 루왁

⋮

빌리 홀리데이

I'm a fool to want you

코피 루왁Kopi Luwak은 인도네시아어로 커피를 뜻하는 Kopi와 사향 고양이를 뜻하는 Luwak에서 나온 말이다. 이름에서 이 커피가 일반 커피와 조금 다른 과정을 거치게 된다는 것을 알 수 있다.

인도네시아의 사향 고양이는 커피 체리를 따서 먹는데, 이렇게 사향 고양이의 소화 기관을 거쳐 나온 배설물 중 소화되지 않은 커피 생두를 깨끗이 씻어 말린 것이 바로 코피 루왁 생두이다.

사향 고양이의 체내를 거친 코피 루왁은 특유의 풍미를

지니며, 생산량의 한계로 더욱 귀하다. 나도 매일 커피를 마시며 늘 새로운 커피를 찾아 즐기는 편이지만 이 커피를 마셔본 횟수는 손으로 꼽을 정도다.

코피 루왁은 신맛이나 단맛 같은 어떤 특정한 맛이 튀어나오지 않고 적절히 균형을 유지하고 있으며, 실크처럼 부드럽지만 약간은 묵직한 바디감으로 입안을 편안하게 해준다. 편안함이 느껴질 때면 군고구마나 우롱차 같은 구수함이 입안 전체에 감돌고, 초콜릿을 닮은 향과 독특한 향미가 잔잔히 입안 여기저기에서 톡톡 터진다.

희소성과 높은 가격 때문에 아주 독특하고 개성이 강할 것이라는 기대를 하지만, 코피 루왁은 부드럽고 구수하며 찬찬히 피어나는 순한 향이 담긴 고향 같은 커피이다.

종종 영화나 드라마에서 이 커피가 소개되곤 한다. 특이한 가공 과정도 재미있는 소재가 되지만 가장 비싼 커피라는 상징성으로 더욱 자주 소개 되어지는 것 같다.

영화 『버킷 리스트 죽기 전에 꼭 하고 싶은 것들』에서 재벌로 나오는 잭 니콜슨이 즐겨 마시는 커피가 코피 루왁이다. 좀더 구체적으로 그가 어떤 커피 추출 기구로 커피를 추출하여 즐기는지도 보여주고 있다. 영화에서는 사이폰 커피 기구가 소개 되었다. 잭 니콜슨 특유의 환한 미소로 향을 맡으며 커피를 즐기는 모습을 보면 누구라도 이 커피가 마시고 싶어질 것이다.

개성 강한 보컬리스트 빌리 홀리데이는 재즈사에 있어 중요한 위치를 차지하고 있다. 약간은 늘어지는 창법과 가슴 깊은 곳에서 훅하고 끌어 올리는 색깔 짙은 그녀의 목소리는 한번만 들어도 가슴에 자리 잡는다. 이런 목소리는 왠지 그녀의 비극적인 삶이 묻어 있는 듯하여 더욱 그녀에게 귀를 기울이게 한다.

이야기 하는 것만으로도 슬퍼지는 빌리의 힘든 삶은 그녀가 태어난 날부터 시작되었다. 부모의 사랑을 받으며 꿈을 키워갈 13살의 어린 소녀가 1915년 빌리를 낳았다. 가난한 어린 소녀는 이제 어머니가 되었고 갓난아기를 돌보며 살게 된 것이다. 이런 불우한 환경 때문에 빌리는 십대 중반에 몸을 파는 창녀가 되었다.

그 후 감옥에 간 빌리는 더 이상 몸을 팔지 않기로 마음먹고 생활고를 해결하기 위해 새로운 일을 찾는다. 모두가 힘들었던 시절 어린 빌리가 일자리를 찾기란 쉽지 않았다. 그러던 어느 겨울날 무작정 찾아간 한 클럽에서 우연히 주

불행한 삶 속에서 늘 갖고 싶어 했고, 행복의 문으로 생각하고 늘 찾아 헤맸을 사랑, 실크처럼 부드럽고 구수해며 찬찬히 피어나는 순한 향이 담긴 고향 같은 커피.

어진 기회에 그녀는 있는 힘을 다해 노래를 불렀고, 그 자리에 있던 모든 사람들을 감동시켰다. 이렇게 해서 음악인으로서의 삶이 시작되었다.

그녀의 음역은 그다지 넓지 않지만 가슴 깊은 곳에서 울리는 목소리에는 알 수 없는 힘과 깊이가 전해진다. 그녀의 이런 특별한 목소리를 사람들은 사랑하게 되었다. 빌리는 사람들 앞에서 늘 당당하고 자신에 차 있었다. 당당한 그녀의 모습을 보고 유명한 색소폰 연주자 레스터 영은 레이디 데이Lady day라는 별명을 그녀에게 붙여 주었다.

세월이 흐르면 사람의 목소리에는 살아온 날들의 흔적이 조금씩 배어나오는데, 빌리 역시 자신의 음악과 목소리에 그녀의 삶이 고스란히 묻어 있다.

빌리는 어느 날 남편이 바람을 피운다는 사실을 알게 되었고, 변명을 하려는 남편을 향해 "Don't explain"이라는 말을 한다. 후에 이것을 기억하여 'Don't explain'이라는 명곡을 만든다. 이 곡만으로도 그녀의 결혼 생활 역시 그녀의 유년만큼이나 평탄하지 않았으리라는 것을 짐작 할 수 있다.

빌리가 부른 'I'm a fool to want you' 는 불우했던 어린

시절과 몇 차례 실패한 사랑의 아픔이 고스란히 녹아 있는 듯해 가슴 깊이 남는다. 그녀가 불행한 삶 속에서 늘 갖고 싶어 했고, 행복의 문으로 생각하고 늘 찾아 헤맸을 사랑. 바로 그 사랑을 노래하는 빌리의 모습은 너무나도 애처롭고 인상적이다. 이 곡은 깊은 사랑에 빠져 있는 감정을 서정적인 멜로디와 함께 그녀의 독특한 목소리로 표현한 곡이다.

코피 루왁의 깊이 있는 풍미와 진한 삶의 목소리로 사랑을 노래하는 빌리 홀리데이의 'I'm a fool to want you'는 분명 최고의 만남이 될 것이다.

아름답고 열정적인 탱고의 유혹

우간다 부기수

⋮

『여인의 향기』

Por una cabeza

하루일과를 마친 늦은 저녁 우연히 매력 넘치는 커피를 만났다. 우간다 부기수. 이 커피에 입을 대는 순간 진한 흑설탕으로 만든 캐러멜을 먹는 것처럼 달콤함이 입안에 퍼졌다. 통통 튀는 신맛과 어우러진 진한 단맛은 커피가 온도를 잃어가도 계속 남아 입안을 풍성하게 한다.

촘촘히 퍼져오는 과일향이 가득하고 소복이 쌓인 흰 눈을 밟듯 부드러움이 입안 가득 남는다. 살며시 느껴지는 다양한 풍미는 계속해서 커피에 집중시키고, 마치 커피에 몇 가지 과일을 조금씩 짜 넣은 뒤 무슨 맛이 나는지 맞추어 보라며 퀴즈를 내는 듯하다.

영화 『여인의 향기』에서 알파치노와 가브리엘 엔워가 보여준 탱고처럼, 우간다 부기수 커피는 자신감 넘치는 뜨거운 열정과 부드럽게 감싸주는 매력을 가진 커피다.

몇 해 전 음악에 별로 관심이 없는 한 친구에게 전화를 받은 적이 있다. 얘기인즉 어제 『여인의 향기』라는 영화를 보았는데 알파치노가 춤추던 장면에 흘렀던 음악을 묻는 전화였다. 마침 내게 OST 앨범이 있어 'Por una cabeza' 라고 가르쳐 주었다. 그랬더니 이번엔 그 곡명이 우리말로 무슨 뜻이냐고 물어 왔다. 이번에도 별생각 없이 알려주었다. "말 머리 하나 때문에." 그랬더니 친구는 대부 어쩌구 저쩌구 하더니 그냥 전화를 끊어 버렸다. 알파치노와 영화 『대부』의 말머리와 관련된 장면을 연결 시켜 내가 농담을 하는 줄로 알았던 것이다.

아름다운 음악에 비해 조금은 어색한 곡명이지만 'Por una cabeza' 를 우리말로 하면 '머리 하나 때문에' 이다. 가사에는 어느 도박사가 경마장에 가서 자신이 배팅을 한 말이 머리 하나 차이로 지는 바람에 재산을 잃게 된다는 내용을 담고 있다.

오래 전에 본 영화지만 『여인의 향기』는 알파치노의 진한 매력이 오랜 여운으로 남는다. 단정하게 쓸어 올린 머리, 흐트러짐 없이 말끔히 차려 입은 옷, 그리고 당당한 자세, 그의 모습을 그대로 탱고의 리듬에 실어 보여준 절제미와 멋스러움은 오랫동안 기억에 머물렀다. 또 탱고의 아름다움을 유감없이 보여준 그 곡은 가슴까지 스며드는 애절한 바이올린의 선율과 절도 있게 감정을 다듬어 주는 피아노의 조화가 환상적으로 어울린 곡이었다. 이 영화를 본 사람들이라면 누구라도 두 사람이 추던 탱고의 장면을 최고 백미로 꼽을 것이다.

'Por una cabeza'를 들으면 그 속에 짙게 물들어 있는 슬픔을 느낄 수 있다. 그 어느 장르 음악보다도 더 관능적이고 열정적이지만 듣다 보면 무어라 표현할 수 없는 묘한 슬픔. 그 슬픔을 이해하려면 탱고의 역사를 알 필요가 있다.

몇 가지 커피를 블렌딩하여 새로운 풍미의 커피를 만들어내듯 음악도 처음에는 다른 음악들이 만나서 충돌하지만 시간이 흐르면서 서로를 이해하고 발전하는 과정을 거치면서 새로운 음악이 만들어진다. 탱고도 이러한 과정을 거치며 탄생한 음악이다.

탱고의 스텝만큼이나 진한 풍미, 통통 튀는 신맛과 어우러진 진한 단맛, 촘촘히 퍼져오는 과일향이 가득한 커피.

'만지다' 라는 뜻을 갖고 있는 탱고는 아르헨티나를 대표하는 춤곡이다. 탱고가 탄생한 19세기 후반부터 지금까지 아르헨티나 사람들은 자신들의 마음을 담아 탱고를 추어 왔다. 그래서 탱고에는 그들의 역사가 고스란히 담겨 있다.

탱고의 기원에 대해서는 의견이 분분하지만 일반적으로 아르헨티나의 항구 도시 부에노스아이레스의 한 동네에서 시작된 것으로 알려져 있다.

19세기 후반 제대로 삶의 터전을 잡지 못한 유럽인들이 부푼 꿈을 품고 남미로 하나 둘 모여 들었다. 그들이 자리 잡은 도시 중의 하나가 부에노스아이레스인데 한때 이 도시의 70~80%가 유럽 이민자이거나 그들의 후손이었다고 한다.

꿈을 안고 자리를 잡았지만 현실은 냉혹했다. 일자리를 구하는 것도 쉽지 않았지만, 어렵게 구하더라도 거친 육체 노동이 대부분이었다. 항구 도시에서의 거칠고 힘든 육체 노동, 그리고 고향에 대한 향수, 외로움. 이 모든 것은 그들의 몸과 마음을 지치고 고달프게 만들었다. 그때 그들에게 가장 위안이 되었던 음악이 바로 탱고이다.

항구 도시 부에노스아이레스에서는 아르헨티나 음악과

아프리카 음악, 그리고 쿠바에서 전해진 하바네라 등 다양한 음악이 만났는데 여기에 유럽 이민자들이 가져온 유럽 음악까지 가세하여 만들어진 음악이 바로 탱고인 것이다. 하루일과를 마치고 술집에 모여든 이민자들은 누더기가 된 마음을 달래기 위해 슬픔과 고독을 음악에 싣고 강렬하면서 열정적인 춤을 추었던 것이다. 이렇게 시작된 탱고는 후에 유럽과 아르헨티나의 상류층에 전해지면서 아르헨티나를 대표하는 음악으로 자리 잡게 되었다.

초기에 탱고는 주로 연주곡이나 춤으로 즐기는 음악이었다. 1920년대 후반 탱고의 황제라 불리는 카를로스 가르델 Carlos Gardel이 가사를 붙인 탱고 곡들을 발표하면서, 노래로도 탱고를 즐기게 되었다. 이제 음악 속에 담겨 있던 삶의 애환과 그리움, 슬픈 사랑이 가사로 표현되어 많은 이들의 가슴 속으로 파고들게 된 것이다. 그 후 카를로스 가르델의 잘생긴 외모와 달콤한 목소리는 세계 사람들을 매료시켰다. 그러나 그의 가장 화려했던 시절 어느 날 비행기 사고로 세상을 떠났지만 지금도 많은 팬들은 그를 잊지 못하고 그의 묘소를 찾고 있다.

'Por una cabeza' 도 카를로스 가르델의 곡이다. 이 곡의 우아한 멜로디는 그 슬픔마저도 감싸 안을 만큼 아름답고 포근하다. 아무리 지치고 힘든 하루를 보냈다 하더라도 강렬하고 아름답게 연주되는 이 음악에 빠져들다 보면 우리의 지친 심신을 달래 줄 수 있으리라.

우간다 부기수는 탱고의 스텝만큼이나 진한 풍미를 담고 있다. 상큼하고 달콤한 짙은맛이 그렇고 유혹하듯 강하게 전해오는 향기 또한 그렇다.

새로운 물결의 감미로움

브라질 산토스

⋮

The girl from Ipanema

열정적이고 감미로운 커피 브라질 산토스를 맛있게 즐길 수 있도록 아주 짧은 음악 산책을 해보려 한다. 이 산책으로 좀더 그 음악을 즐길 수 있다면 충분한 가치가 있을 것이다.

우리가 재즈의 고향이라 알고 있는 뉴올리언스는 프랑스의 지배를 받는 식민지였는데, 이를 배경으로 자연스레 유럽의 클래식이 전해졌다. 1900년 초 흑인들은 자신들의 음악이었던 블루스와 유럽의 클래식을 결합하여 새로운 음악 장르를 만들게 되는데 이것이 바로 재즈이다. 당시 뉴올리언스에는 많은 클럽이 있었는데 이곳이 재즈 뮤지션들의 연주공간이자 생활터전이 되었다. 재즈 뮤지션들은 1차 대전 이후 시카고와 뉴욕으로 활동영역을 넓히는데 이때 활발하게 활동했던 사람이 그 유명한 루이 암스트롱이다.

1930년대 초 미국은 경제 대공황을 맞는다. 이 시기가 지나가며 조금씩 생활이 안정되어 가자, 사람들은 밝고 신나는 음악에 관심을 가지게 된다. 이때 즐겨 듣던 음악이 스윙이다. 스윙을 대표하는 재즈 뮤지션 한 명을 소개하라면 스윙의 왕이라 불리는 베니 굿맨을 꼽을 수 있다. 아마 베니 굿맨의 'Sing Sing Sing'은 한번쯤 들어 보았을 것이다.

시기별로 활동했던 재즈 뮤지션들을 열거하며 그들의 업적과 음악을 자세하게 얘기하기 시작하면 끝도 없을 것이고 머리도 아플 것이다. 그러니 처음 얘기한대로 아주 간략하게 흐름과 장르의 특징, 한두 명 정도의 재즈 뮤지션만을 얘기하도록 하겠다.

2차 대전 이후 새로운 변화를 모색하던 젊은 뮤지션들은 즉흥성을 강조하고 연주자들의 개성이 잘 드러나는 비밥을 탄생시킨다. 비밥을 대표하는 아티스트에는 색소폰 연주자인 찰리 파커와 피아니스트 델로니어스 몽크 등이 있다.

1950년대에 비밥은 감미로운 음악으로 쿨 재즈라는 장르를 탄생시키게 된다. 사실 지금 이렇게 재즈의 역사에 대해 간략하게나마 언급하는 이유는 이 쿨 재즈를 대표하는 몇 명의 뮤지션 중 한 명인 스탄 게츠를 이야기하고 싶어서다.

또한 비밥이 좀더 발전되어 하드밥이라는 음악이 탄생했고, 이 하드밥의 선두 주자라 할 수 있는 뮤지션이 바로 재즈 역사에서 가장 중요한 인물 중의 한 명인 마일즈 데이비스이다. 이후 마일즈 데이비스는 재즈와 락을 결합시켜 퓨전재즈를 만들었고, 1970년대에는 이 퓨전재즈가 인기를 끌게 된다. 1980년대에는 컨템포러리 재즈가 대중들의 사랑을 받게 되었고, 오늘날 뮤지션들은 재즈라는 장르에 또 다른 장르를 결합 시키는 등 많은 시도를 하고 있다.

내가 말하고자 한 재즈의 변천사는 여기까지이다. 재즈는 커피와 함께하기에 좋은 음악이여서 재즈를 좀더 잘 즐길 수 있도록 하기 위해 정리 해본 것이다. 음악은 시대상을 반영하고 정서를 포함하고 있다. 그들이 어떤 정서로 곡을 연주하는지 알게 되면 조금 더 깊이 있게 음악을 들을 수 있다.

재즈를 처음 접할 때 복잡한 용어와 역사에 질려 재즈 듣

브라질 산토스는 보사노바를 많이 닮아 있다. 약간은 거친 듯 하지만 감미로운 단맛이 찰랑거리며 입안을 감싸고 부드러운 신맛은 도시적인 이빠네마 해변처럼 고급스러움이 가득하다.

기를 멀리했다면 위에처럼 재즈 변천사를 간략히 전개하고, 그 장르의 대표적인 아티스트의 음반을 한 장씩 들어보는 방법을 시도해보는 것도 좋다. 그럼 재즈가 이전보다 친숙하게 들리고, 나아가 다양한 재즈가 듣고 싶어 질 것이다. 물론 변천사를 모른다 해도 재즈를 즐기는 것에는 문제가 되지 않는다.

이제 브라질 산토스에 대한 이야기로 돌아오겠다. 커피, 삼바, 축구 이 세 가지는 브라질하면 떠오르는 단어이다. 하지만 삼바의 열정적인 이미지는 맥주나 샴페인 같은 주류라면 모를까 차분히 정성을 들여 준비해야 하는 커피의 이미지와는 잘 어울리지는 않는다. 그렇다면 보사노바는 어떨까. 브라질에는 브라질을 대표할 수 있는 커피와 잘 어울리는 또 하나의 음악 보사노바가 있다.

새로운 물결이라는 뜻을 가지고 있는 보사노바는 차분하고 세련된 멜로디와 가사를 담고 있다. 1950년대 시인이자 작곡가 겸 희곡작가 비니시우스 지 모라에스는 칸 영화제와 아카데미 영화제의 수상작으로 유명했던 영화 『흑인 올훼』의 희곡을 쓴다. 영화 배경음악에는 바로 그 보사노바의 전설적인 인물 안토니오 카를로스 조빔이 참여한다. 영화

OST에는 '카니발의 아침manha de Carnaval'이 수록 되어 있는데, 이 곡은 조빔과 함께 OST에 참여한 또 한 명의 작곡가 루이스 본파에 의해 작곡되었다.

평소 재즈에 관심이 많았던 조빔은 쿨 재즈의 대표적인 인물 중의 하나인 스탄 게츠를 만나 역사적인 앨범 'GETS/GILBERTO'를 조앙 질베르토와 그의 부인 아스트루드 질베르토와 함께 만든다. 이 앨범을 통해 조빔이 작곡하고 아스트루드 질베르토가 부른 'The girl from Ipanema'라는 역사적인 곡이 탄생한다. 감성이 풍부하고 아름다운 비니시우스의 시 같은 가사에 조빔은 부드러운 미풍이 불어오듯 차분하고 아름다운 곡을 만들어서 보사노바를 세상에 알린다.

이런 조빔의 업적을 기리며 브라질에는 안토니오 카를로스 조빔 국제공항이 생기기도 했고, 미국의 재즈 보컬리스트 마이클 프랭스Michael Franks는 안토니오 카를로스 조빔에게 헌사하는 곡 '안토니오송'을 부른다. 따뜻한 목소리로 속삭이듯 감미롭게 부르는 마이클 프랭스의 보컬은 향이 진한 커피처럼 오랜 여운을 남긴다.

커피 브라질 산토스는 보사노바를 많이 닮아 있다. 약간은 거친 듯 하지만 감미로운 단맛이 찰랑거리며 입안을 감싸고 보드라운 신맛은 도시적인 이빠네마 해변처럼 고급스러움이 가득하다. 열대 과일의 향을 잔뜩 머금고 있어서 마음을 풍요롭게 해주고 뒷맛의 여운을 남기며 편하게 다음 모금을 마시게 한다.

오늘은 'The girl from Ipanema'를 들으며 이빠네마 해변의 따사로운 햇살 아래 커피 한 잔을 마시는 상상을 해본다.

동화 속 맑고 투명한 눈꽃

과테말라 안티구아 SHB

:

『러브 레터』

A winter story

바흐의 'G선상의 아리아'는 감미롭고 애잔한 선율이 인상적이어서 몇 번만 들어도 예전부터 알고 있었던 곡처럼 익숙하게 느껴진다. 이 곡은 유명한 바이올린 연주자였던 빌헬미가 바흐의 관현악 모음곡 3번 2악장을 바이올린 네 현 중에서 G선만을 사용하여 연주 할 수 있도록 편곡한 곡이다. 그 후 'G선상의 아리아'로 불리게 되었다.

과테말라 안티구아 SHB는 'G선상의 아리아'가 G선만으로 가장 부드럽고 아름다운 소리를 만들어 내듯 기분 좋은 신맛을 강하게 뽐내며억지일 수 있지만 커피의 맛을 바이올린의

네 현처럼 신맛, 쓴맛, 단맛, 바디감으로 표현한다면……, 신맛으로 외줄을 타면서도 적당한 단맛과 향미가 조화를 이뤄 멋진 맛을 만들어 낸다.

부드럽고 섬세하면서 그 여운이 오래가는 이 커피를 꼭 닮은 영화가 있다. 이와이 슌지 감독의 『러브 레터』.

영화를 보는 내내 이 커피를 두 손으로 잡고 눈으로, 입으로, 귀로, 코로 한 순간도 놓치지 않고 영화에 빠져 들었다. 눈부신 하얀 눈 위에 누워 있는 여인의 얼굴이 화면에 가득 차고 아름답지만 슬픈 멜로디가 봄기운에 눈 녹듯 흘러내렸다. 앞으로 펼쳐질 이야기가 가슴 시린 이야기일 것이라는 예감을 주면서……

설원에 펼쳐지는 애닯은 이야기만으로도 진한 감동을 주지만 이 영화에 더욱 빠져들게 하는 것은 그림 같은 영상과 계속 흘러내리던 맑은 멜로디였다. 그리고 무엇보다 1인 2역을 멋지게 해낸 나카야마 미호의 섬세한 연기가 이 영화를 더욱 빛나게 했다.

가수이기도 했던 나카야마 미호는 여러 편의 영화에 출연했었지만, 나에게 가장 기억에 남는 작품은 그룹 S.E.N.S.의 곡 'Forbidden love'가 극의 전반에 꽉 차게 흘러내리던

과테말라 안티구아 SHB는 잘 익은 과일의 기분 좋은 신 맛을 낸다. 영화 『러브 레터』의 눈처럼 선명하고 깔끔한 맛이 특징인 커피.

'2000년의 사랑'이라는 드라마였다. 제철 과일을 찾아 먹는 것처럼 겨울이면 한번씩 찾아 듣는 앨범이 있는데 추운 계절이 오면 S.E.N.S.의 'Forbidden love'를 한번씩 듣곤 한다. 이 곡 전반에 흐르는 감성이 겨울을 닮아서인 것 같다.

시간이 지나면 영화의 내용보다 영상 전체에서 느껴지는 감정이나 음악이 더 기억에 남는 작품들이 있는데 『러브 레터』가 그러했다. 눈 속에서 펼쳐지는 동화 같은 이야기와 깔끔하면서 선명하게 울리는 선율들이 아직도 기억에 맴돈다. 특히 추억 속으로 끌고 갈 듯한 'A winter story'는 들을 때마다 바로 눈앞에 설원을 펼쳐 주는 것 같았다.

영화를 보고 난 뒤 해마다 겨울이 되면 일본 북해도로 여행이 가고 싶어졌다. 제목은 기억나지 않지만 예전에 읽었던 일본 동화 속에도 등장했던 하얀 눈이 덮인 북해도의 도시들이 보고 싶어졌었다. 특히 영화 배경이 된 북해도 오타루가 보고 싶었고, 하얗게 덮여 있는 그 도시 한 곳에 서서 따뜻한 커피 한 잔과 함께 'A winter story'의 맑은 피아노 소리가 듣고 싶어졌다. 겨울이 되어 그곳에 가면 무언가 새로운 동화가 기다리고 있을 것 같은 기분이 들어서일까……

커피 과테말라 안티구아 SHB는 특정한 과일의 향이라고는 할 수 없지만 잘 익은 과일의 기분 좋은 신맛을 느낄 수 있는데 그 맛은 복잡하고 다양한 풍미의 맛이 아닌 영화 속의 눈처럼 선명하고 깔끔한 맛이 특징으로 느껴지는 커피였다.

맑고 고운 피아노 선율로 그려내는 'A winter story'를 들으며 과테말라 안티구아 SHB 커피를 마셔 보면 맛이 더욱더 깨끗하게 그려질 것이다.

사랑을 속삭이는 서정적인 맛

멕시코 알투라 베라크루즈

⋮

트리오 로스 판초스

Solamente una vez

어릴 때 서부영화를 너무 많이 본 탓일까? 지금도 멕시코를 생각하면 넓은 광야와 카우보이가 떠오른다. 사실 멕시코는 내 상상과는 달리 아름다운 해변과 낭만이 가득한 음악이 넘치는 나라이기도 하다.

멕시코 음악하면 가장 먼저 떠오르는 이미지가 마리아치Mariachi라고 하는 악사들일 것이다. 비록 멕시코 여행을 해 본 경험이 없더라도 거리에서 다양한 색상의 망토를 입고, 넓은 챙의 모자를 쓴 아저씨들이 구수한 표정을 지으며 연주하는 모습은 우리에게 익숙하다. 이 마리아치 밴드들은 오랜 세월 멕시코인들의 사랑을 받고 있으며, 집안의 중요한 행사나 기념할 일이 있을 때마다 이 밴드와 함께 한다고 한다. 이들이 연주하는 음악을 듣다 보면 잠시 모든 걸 잊고 흥이 절로 나와 나도 모르게 손뼉 장단을 칠 것 같은 풍류가 있는 음악이다.

그리고 이 마리아치와 함께 멕시코를 대표하는 음악 중의 하나가 볼레로이다. 쿠바에서 전해진 볼레로는 멕시코인의 사랑을 받으며 멕시코 대표 음악이 되었다. 볼레로는 사랑하는 여인에게 고백을 하듯 부드럽고 달콤한 곡조를 담고 있어 멕시코의 낭만을 느낄 수 있는 음악이다. 볼레로라고 하면 어떤 곡이 있을까, 하고 생각하겠지만 우리가 자주 접하던 곡들이 많다. 'Quizas Quizas Quizas'도 볼레로를 대표하는 곡 중 하나이고, '베사메 무쵸'도 유명한 볼레로이다.

멕시코 알투라 베라크루즈 커피를 처음 접하였을 때에는 아름다운 항구 도시 베라크루즈와 이 도시에서 내려오던 민요 '라밤바'를 연상하게 되었다. 미국의 리치 발렌스가 로큰롤로 편곡하여 알려진 '라밤바'의 흥겨움과 열정이 느껴지는 커피를 먼저 떠올리며 좀더 자극적인 맛을 그려 보았다. 그렇지만 조심스레 드립을 한 후 마셔본 이 커피에는

첫 모금에는 넉넉한 향과 부드러움이, 두번째 모금에는
달콤함이, 그리고 마실수록 부드러움과 쌉싸래한 맛의
조화가 일품인 멕시코 알투라 베라크루즈.

'라밤바'의 열정 보다는 '볼레로'의 낭만이 담겨 있었다. 멕시코인이 부드러운 표정으로 달콤한 가사를 실어 사랑을 속삭이는 서정적인 맛이 커피에 가득했다.

첫 모금에는 넉넉한 향과 부드러움이 있으며, 두번째 모금에는 달콤함이, 그리고 마시면 마실수록 입안에 전해오는 부드러움과 쌉싸래한 맛의 조화가 일품이다. 멕시코 알투라 베라크루즈는 부드럽고 편안함을 잔뜩 머금은 커피다.

위에 언급된 볼레로 곡들도 이 커피와 잘 어울리겠지만 나에게 떠오르는 곡은 'Solamente una vez' 이다. 여러 아티스트가 이 곡을 불렀으니 우선 '트리오 로스 판초스Trio Los Panchos'의 버전으로 먼저 들어 보고 다른 아티스트가 부른 곡을 한번쯤 찾아 들어 보기를 추천한다. 아름다운 멜로디와 함께 전해주는 멕시코의 낭만을 풍성하게 얻어갈 수 있도록……

멕시코 알투라 베라크루즈 커피와 함께 '단 한번만' 이라는 뜻을 가진 멕시코의 볼레로 Solamente una vez를 들으며 멕시코의 낭만을 즐겨보기 바란다.

공존할 수 없는 관능미와 정숙미

인도네시아 수마트라 만델링 G1

⋮

『화양연화』

Quizas Quizas Quizas, 벵가완 솔로

한 잔의 커피와 잘 어울리는 목소리, 특히 낙엽 지는 가을이면 한번쯤 듣고 싶은 몇 명의 재즈 보컬리스트들이 있다. 그중 감미로운 목소리로 대중들의 사랑을 받으며 1900년대 중반을 휩쓸었던 재즈 보컬리스트 냇킹 콜을 빼 놓을 수 없다. 그가 히트 시킨 'Nature boy', 'Mona Lisa', 'When I fall in love', 'Unforgettable' 등은 우리에게 친숙한 곡들이다.

동화를 들려주듯 혹은 자장가를 불러주듯 포근하게 부르는 그의 노래에는 무언가 이야기가 담겨 있는 것처럼 신비함이 느껴지기도 한다. 한번만 들어도 사람의 마음을 빼앗아버리는 힘을 가지고 있어 우리는 그를 재즈 보컬리스트로만 알고 있지만, 사실 그는 어려서부터 피아노를 쳤고, 재즈 피아니스트로도 재즈사에서 아주 중요한 위치를 차지하고 있는 인물이다.

냇킹 콜에게는 딸이 있었다. 딸이 16세가 되던 해에 냇킹 콜은 폐암으로 세상을 떠난다. 그 후 아버지의 영향을 받고 자란 딸은 뛰어난 음악적 재능으로 수많은 곡을 히트시켰다. 그녀가 바로 나탈리 콜이다.

든든한 버팀목으로 의지하던 아버지를 잃은 슬픔을 늘 가슴에 담고 뮤지션으로 살았을 나탈리 콜이 아버지가 부른 'Unforgettable'에 자신의 목소리를 입힌 듀엣 곡을 40이 넘은 나이에 발표하였다. 나탈리 콜은 이 곡으로 그래미상을 받는 영예를 안았다. 이 곡을 들을 때면 아버지를 그리워하는 딸의 마음과 가족의 따뜻함이 느껴진다.

왕가위 감독의 영화 『화양연화』에는 냇킹 콜의 매력이 넘쳐 흐르고 있다. 개인적으로 왕가위 감독의 영화를 좋아한다. 그렇다고 영화의 줄거리나 반전 그리고 영화 속에서 감독이 표현해 내려 했던 여러 의미들을 찾아내어 즐기며 좋아하는 것은 아니다. 단지 그의 영화에서 보여주는 색감과 영상미 그리고 그 영상에 묻어 있는 음악들이 좋다. 그래서 그의 영화를 보고 나면 잔상으로 몇 장의 아름다운 그림이 생각나고, 진하고 풍성하게 들려주던 음악들이 기억에 남는다.

아마 많은 이들이 『아비정전』에서 장국영이 속옷차림으로 'Maria Elena' 라는 곡에 맞추어 맘보춤을 추던 장면을 떠올릴 것이고, 『중경상림』에서 캘리포니아에 가고 싶어 하는 왕정문이 듣던 Mamas & Papas의 'California dreaming' 이 생각 날 것이다.

『화양연화』는 인생에서 가장 아름답고 행복한 순간을 의미 한다고 한다. 영화는 1962년 홍콩을 배경으로 하고 있다. 낡은 건물에 약간은 어두운 조명, 그리고 오래되어 바란 벽면, 짙은 색의 커튼이 서로 어우러져 예스러운 정취를 만들어 내고 있다. 이 정취에서 삶에 대한 진지함과 솔직함이 보이기도 한다. 느린 장면들과 절제된 감정표현, 배우들의 단정한 모습들은 흡사 정갈하게 차를 내어 마시는 동양의 다도에서 느낄 수 있는 아름다움이 있다.

영화에서 장만옥은 중국 전통의상 치파오를 여러 벌 입

첫 맛은 사과향이 자욱한 재즈 카페에서 들려오는 거친 보컬의 음색이 연상되지만 마실수록 묵직하면서도 편안한 맛이 전해진다. 풍성한 향을 지니고 있는 커피 만델링 G1.

고 등장한다. 빛바랜 건물과는 대조적인 짙은 색감의 화려한 치파오를 입은 장만옥은 공존할 수 없는 관능미와 단아하고 정숙한 여인의 모습을 함께 보여준다. 그리고 영화 장면, 장면마다 호흡을 불어넣어 주는 삽입곡들이 있다.

영화에는 꽤 많은 곡들이 사용되었고, 그 곡들 중 일부는 마치 음악을 들려주기 위한 뮤직 비디오처럼 적지 않은 시간을 음악에 할애하였다. 우선 기억에 남는 연주곡은 'Yumeji's Theme' 이다. 쓸쓸한 분위기와 60년대의 정취를 함께 보여주는 맛을 가진 이 곡은 영화에서 너무 길어 설명 할 수 없는 이야기들을 다 설명 해주는 것 같았다.

그리고 이 영화의 또 다른 묘미로 다가온 곡이 있다. 이 곡 때문에 이 영화를 보면 더욱 인도네시아 수마트라 만델링 G1을 떠올리게 되는지도 모르겠다. 영화의 후반부에 나오는 '벵가완 솔로Bengawan solo' 라는 곡이다. 이 곡은 1940년대 인도네시아에서 대중들의 사랑을 받았던 곡으로 많은 뮤지션들이 리메이크하였고, 지금까지도 사랑받고 있는 곡이다. 인도네시아의 솔로강을 노래한 이 곡은 오래된 라디오에서 흘러나올 듯한 향수와 진솔함 때문에 짙은 향미의 만델링 G1 커피가 마시고 싶어지곤 한다.

화면 가득 쓸쓸히 걸어가는 남자의 뒷모습에 넷킹 콜의 'Quizas Quizas Quizas'가 흘러나온다. 넷킹 콜의 음악이 이렇게 잘 묻어 있는 영화가 또 있을까…… 극장에서 나올 때 좋은 음악 선물을 받은 느낌이었던 기억이 있다.

첫 모금에서 다가오는 맛은 시거향이 자욱한 재즈 카페에서 들려오는 거친 보컬의 음색이 연상되었지만, 마실수록 묵직하면서도 편안한 맛이 전해진다. 풍성한 향을 지니고 있는 커피 만델링 G1에서 커피의 또 다른 매력을 발견한다.

강렬하게 흐르는 향과 좋은 바디감이 어우러진 매력과 은은하게 표현해내는 신맛과 단맛이 조화를 이룬다. 입안 전체를 누르는 묵직한 무게감과 함께 스며드는 짙은맛이 처음에는 낯설었지만, 마실수록 강인함 속에 담긴 진한 고소함이 느껴져 점점 매력적으로 다가오는 커피이다.

이 커피에 냇킹 콜 & 나탈리 콜의 'Unforgettable'을 함께 한다면 냇킹 콜의 감미로운 목소리와 나탈리 콜의 가족에 대한 그리움이 더해져 가장 감미로운 만델링 G1 커피를 맛볼 수 있다.

그리고 냇킹 콜이 부르던 'Quizas Quizas Quizas'를 들

으며 가장 행복했던 순간들을 떠올려 보고, 인도네시아의 향이 담긴 '벵가완 솔로Bengawan solo'를 들으며 이 커피를 마시면 가장 진한 만델링 G1 커피를 만날 수 있다.

무지개 넘어 아름다운 세상

하와이안 코나 엑스트라 팬시

⋮

Israel Kamakawiwo' ole

Over the rainbow

What a wonderful world

나는 사진을 찍어 앨범에 잘 보관해 두기는 하지만, 앨범을 자주 열어 보지는 않는다. 얼마 전 책장을 정리하다가 몇 년 만에 오래된 앨범을 펼쳤다. 십여 년이 지난 사진을 볼 때마다 약간은 촌스러움과 낯선 모습에 절로 웃음을 짓게 된다. 그래도 내 모습이니 애정을 가지고 보기는 하지만 괜스레 어색하기만 하다. 십여 년이 지난 사진이 이러할진대 70년이 지난 영화를 보면 어떨까?

『바람과 함께 사라지다』로 잘 알려진 빅터 플레밍 감독이 만든 『오즈의 마법사』는 1939년에 발표된 영화이다. 주인공 도로시가 마음과 지혜, 용기를 각각 소원하는 친구 세 명과 함께 모험을 떠나는 동화 같은 이야기이다.

꽤 오래된 영화이지만, 현대의 화려한 특수 촬영기법이나 CG에 익숙해져 있는 내 눈에도 그리 낯설지 않는 영상을 보여준다. 특히 오즈는 아름답게 잘 꾸며진 놀이동산처럼 풍부한 상상력이 돋보였고, 의상이나 분장 역시도 재치 있는 코믹요소로 잘 꾸며져 있었다. 영화를 보다보면 오래된 영화라는 선입견은 어느새 사라지고 현대에는 잘 안 쓰는 촬영기법으로 오히려 신선함을 관객에게 선사한다.

그러나 이 영화를 기억하게 하는 가장 큰 이유는 도로시 역을 맡은 주디 갈란드Judy Garland가 부르는 'Somewhere over the rainbow'라는 곡 때문이다. 양쪽으로 머리를 묶은 아리따운 소녀가 먼 하늘을 보며 노래 부르는 모습은 그 어떤 것보다 아름다웠다. 이후 주디 갈란드의 이 노래는 시간과 공간을 넘어 많은 뮤지션들이 연주하였고, 오늘날까지 대중에게 사랑받는 명곡이 되었다.

음악을 좋아하는 사람이라면 다양한 장르의 뮤지션들이 연주하고 불렀던 서로 다른 버전을 찾아 들어보는 것도 흥미로운 일이 될 것이다. 음반사를 하며 이미 발표된 곡뿐만 아니라 국내에 미발표 된 곡까지 다양한 버전으로 들어 보았는데, 이 멜로디가 담겨 있다는 이유만으로 모두 친숙하고, 매력적으로 다가왔다. 그리고 아직도 새로운 버전의 곡이 나오면 꼭 들어 보고 싶어진다.

원조 격인 주디 갈란드가 부른 이 곡도 물론 좋지만, 개인마다 취향이 다르니 자기가 좋아하는 버전의 곡을 찾아보거나, 그 곡들을 다른 사람들에게 들려주며 선택권을 주는 것도 재미있을 것이다.

꿈길을 걷듯 가슴 밑에서 은은히 젖어드는 사랑스러운 이 곡의 멜로디는 달콤하며 부드러운 커피를 떠올리게 한다. 하와이안 코나 엑스트라 팬시 커피는 잘 익은 포도의 새콤함이 있다. 게다가 이 커피가 가진 달콤함은 초콜릿을 머금은 머시멜로처럼 입안을 부드럽게 감싸며 혀에서 살며시 녹아내린다.

하와이는 자연이 살아 숨 쉬고 있는 천혜의 아름다움 때문에 많은 영화의 배경뿐만 아니라 촬영지로도 유명해 우리에게 낯설지 않은 곳이다. 아름답고 신비로운 하와이의 정취와 비옥한 화산재 토양의 자연환경이 이 커피 특유의 향을 만들어 내고 있기에 더 매력적이다.

무지개 넘어 어딘가에 있을 아름다운 세상은 당신이 있는 곳…… 초콜릿을 머금은 머시멜로처럼 입안을 부드럽게 감싸며 살며시 녹아내리는 하와이안 코나 엑스트라 팬시의 달콤함.

이 커피를 큼지막한 잔에 가득 담아 마시면 루이 암스트롱 특유의 굵은 목소리로 부른 'What a wonderful world'가 떠오른다. 따뜻하고 친절한 옆집 아저씨가 세상은 아름다운 곳이라고 알려주는 듯 포근한 감성이 커피를 통해 전해진다.

주디 갈란드가 순수하게 부른 'Somewhere over the rainbow'와 푸근한 미소가 떠오르는 재즈의 거장 루이 암스트롱이 진하게 들려주는 'What a wonderful world'의 만남. 이 두 곡의 만남을 최고의 조화로 이끌어낸 곡이 있다. 하와이 출신의 가수 Israel Kamakawiwo' ole의 'Over the rainbow What a wonderful world'가 바로 그 곡이다. 이 곡은 영화 『조 블랙의 사랑Meet Joe black』과 『파인딩 포레스터Finding forrester』에 쓰여서 우리 귀에 익숙한 곡이다.

200kg이 넘는 육중한 체구의 하와이 아저씨가 조그마한 우크렐레Ukulele: 하와이 전통 악기라는 악기를 하나 들고 편안하게 부르는 이 곡은 미국뿐 아니라 전 세계에 알려졌다. 이는 하와이의 음악을 전 세계에 알리는 계기가 되었고, 그는 모든 하와이 사람들의 사랑을 받게 되었지만 38세의 젊

은 나이에 사랑하는 아내와 딸을 남겨둔 채 세상을 떠났다. 그가 부른 이 곡은 이런 말을 전하는 것 같았다.

무지개 넘어 어딘가에 있을 그 아름다운 세상은 당신이 있는 곳이라고, 앞으로도 계속 그렇게 될 것이라고……

이런 생각이 들 때면 이 사람은 하와이를 정말 사랑했겠구나, 라는 생각과 함께 주위를 둘러보게 된다. 청아한 우크렐레의 반주에 맞춰 소박하고 담담하게 부르는 그의 목소리는 사람의 마음을 울리는 힘이 있다. 하와이안 코나 엑스트라 팬시 커피가 뿜어내는 특유의 향이 하와이의 향이라면 이 곡은 그 향과 가장 잘 어울리는 음악이다.

오래된 앨범에 녹아든 커피 향

콜롬비아 슈프레모

⋮

『노팅 힐』

She

영화 『노팅 힐』은 화려한 여배우의 모습에 달빛이 가슴에 스미듯 달콤한 목소리의 엘비스 코스텔로가 부른 'She'가 오버랩 되며 영화의 첫 페이지를 연다.

중학교 때 존경하던 선생님이 늘 하시던 말씀이 있다.

"너희가 책을 사서 그 첫 페이지를 읽었다면 이미 본전은 다 뽑은 거다."

오프닝에 흐르는 엘비스 코스텔로의 이 곡으로 이미 이 영화에 매료되었다. 이 곡은 배경으로 깔린 음악이 아니라 윌리엄휴 그랜트의 사랑을 대신 이야기 해주듯 사람의 마음을 설레게 한다.

우아함과 애교가 넘치는 여주인공의 매력을 잘 표현한 줄리아 로버츠, 소박한 삶 안에서 표현된 휴 그랜트의 멋스러움, 감초처럼 톡톡 터지는 조연들의 코믹 요소들로 가득한 선물보따리 같은 영화지만, 무엇보다 나를 즐겁게 한 것은 사랑스러운 배경과 끊임없이 흐르던 주옥같은 음악들이었다. 감미로운 콜롬비아 커피의 맛을 그대로 닮은 엘비스 코스텔로의 'She', 보이존의 멤버 로난 키팅의 솔로곡 'When you say nothing at all', 윌리엄의 쓸쓸한 마음을 위로하듯 흐르던 알 그린의 'How can you mend a broken heart' 등등.

영화 배경으로 나오는 노팅 힐 거리는 화려하거나 웅장하지는 않지만 곳곳에 사람의 온기가 느껴지는 따뜻한 햇살이 가득한 풍경을 담고 있다. 그런 소박한 아름다움을 지닌 풍경 때문에 음악이 우리 가슴에 더 와 닿았을 것이다. 언젠가 한번쯤 그 거리를 걷고 싶다는 생각이 들어 영화를 본지 10년이 지난 지금 노팅 힐 거리에 대한 여러 가지 정보를 수집해보았다.

노팅 힐의 포토벨로 마켓은 주말마다 벼룩시장이 열리는

콜롬비아 슈프레모는 누구나 고민 없이 가장 편하게 선택할 수 있는 커피다. 매끄러운 바디감, 신맛과 어우러진 단맛, 몇 모금 마신 뒤에 남는 고소한 너트 맛이 입안을 즐겁게 해준다.

데, 이른 아침부터 지하철역 노팅 힐 게이트에서부터 벼룩시장 가는 길까지 사람들로 넘쳐 난다고 한다. 그리고 휴 그랜트가 살았던 파란 대문 집은 사람들이 기념 촬영을 하려고 찾아오는데 지금은 대문 색이 바뀌었단다. 동화 『알리바바와 40인의 도적』에서 나온 이야기처럼 이제 그 집 찾기도 쉽지 않을 것이다. 그래도 서점만은 영화 속 모습 그대로 그 자리에 있다고 한다. 작은 공간 탓이기도 하겠지만 들어가면 주인과 어떤 대화라도 나눠야 할 것 같은 정겨움으로 안나가 그랬던 것처럼 여행책이라도 한 권 사보고 싶어진다.

영화가 끝나면 즐거운 휴식을 마친 것처럼 모든 걸 잊고 다시 일상으로 돌아오지만, 언젠가 다시 영화 테마 곡을 듣거나, 우연히 그 장소로 여행을 가게 되면 오래된 앨범을 열듯 우린 다시 그 영화를 회상하게 된다. 그리고 영화를 본 사람들과 촬영지를 여행한 사람들과 또 다른 추억을 만들어 간다.

이것이 영화의 매력이 아닐까? 만약 우리가 만들어갈 추억에 사람과 사람 사이의 통로가 되어줄 커피가 놓여 있다면 펼쳐놓은 앨범 속에 향을 불어 넣을 수 있을 것이다. 콜롬비아 슈프레모와 같이 한다면 더욱 더……

커피하면 가장 먼저 떠오르는 나라 중의 하나가 콜롬비아이다. CF에서 배우들이 인자한 얼굴로 콜롬비아 커피 향을 맡으며 짓는 부드러운 미소 때문이기도 하고, 망토 입은 콧수염 아저씨가 당나귀를 옆에 데리고 있는 모습의 로고가 떠오르기 때문일 수도 있다. 가상 인물이기는 하지만 아저씨의 이름은 후안 발데스Juan Waldez라고 한다.

콜롬비아 슈프레모가 가지고 있는 마일드하고 대중적인 이미지는 마케팅 힘만으로 만들어진 것은 아니다. 커피에서도 그런 이미지의 맛이 느껴진다. 사람들에게 이 커피는 가장 편한, 고민 없이 선택할 수 있는 커피일 것이다.

잘 익은 국수가락처럼 매끄러워 바디감이 좋고 신맛과 단맛이 어우러져 혀의 어디가 시고 어디가 단지 알 수 없다. 몇 모금 마신 뒤에 남는 여운은 고소한 너트 맛이 돌아 신경을 거슬리는 어떤 요소도 가지고 있지 않다.

커피 속에 녹아 있는 감미로운 맛처럼 부르는 엘비스 코스텔로의 곡 'She'와 함께하는 콜롬비아 슈프레모는 어떤 까다로운 입맛의 소유자에게 권하더라도 그의 미소 정도는 답례로 받을 것 같다.

여름 소나기처럼 내리는 꿈결 같은 단맛

케냐 AA

『아웃 오브 아프리카』

Flying over Africa

여러 나라의 음악을 듣다 보면 가끔 음악이 그 나라를 많이 닮아 있다는 것을 느낀다. 가령 거대하고 광활한 환경을 가지고 있는 북미의 곡에서는 웅장하고 사운드가 풍부한 곡이 많은 반면, 예쁘고 아기자기한 산천초목을 가진 유럽의 곡에서는 멜로디 라인이 예쁘고 서정성이 짙은 곡이 많다. 물론 어느 정도 개인적인 견해일 수도 있지만, 작곡가가 어릴 때부터 보고 자랐고, 또 지금 눈앞에 펼쳐진 환경의 영향을 무시할 수는 없을 것이다.

특히 영화 OST라면 어떨까? 영화음악 감독은 시나리오를 몇 번이나 반복해서 읽고 그 장면을 상상한다. 그리고 촬영 장소를 찾아가 영화 장면과 스토리에 가장 잘 어울리는 음악을 고민한다. 그런 노력이 있기에 영화를 보며 우리는 어떻게 이렇게 주인공의 심정을 잘 표현하는 곡을 만들어 냈을까, 혹은 어떻게 이렇게 장면과 어울리는 곡을 선곡했을까 하며 감탄 할 수 있는 것이다.

지금 소개하려는 곡이 꼭 그러했다. 짧은 몇 마디만 들어도 금세 영화에 젖어들게 하는 곡, 바로 『아웃 오브 아프리카』의 'Flying over Africa' 이다.

『아웃 오브 아프리카』는 우리에게 잘 알려진 시드니 폴락 감독의 영화이다. 이 영화는 케냐에서 커피 농장을 하며 자신에게 주어진 삶을 성실히 살아가는 덴마크 여인 카렌메릴 스트립과 자유로운 영혼의 소유자 데니스로버트 레드포드와의 사랑이 아름답게 그려져 있다. 영화 중에 데니스가 카렌에게 비행기를 태워 준다며 타라고 하자, 언제 비행하는 법을 배웠냐는 카렌의 질문에 무심하게 어제라고 답하는 데니스의 모습이 미소를 띠게 한다. 이들이 비행하는 장면에서 흐르던 곡 'Flying over Africa' 는 아름다운 선율과 웅장한 오케스트라 연주로 주인공의 마음과 그 두 사람 눈에 펼쳐진 광활한 아프리카의 모습을 너무도 잘 표현해낸 곡이다. 이 곡과 케냐의 독특한 향을 가지고 있는 케냐 AA를 함께한다면 그저 맛있는 커피 한 잔이 아니라 카렌의 눈으로 본 아프리카의 아름다움이 곁들여져 있는 진한 향의 커피를 만날 수 있을 것이다.

'Flying over Africa'가 케냐 AA의 향이라면 이제 케냐 AA의 맛을 꼭 닮은 음악을 이야기 하려 한다. 클래식 음악사에서 많은 작곡가의 연인이 소개되고 그들이 얼마나 많은 작품에 영향을 미쳤는지 이야기하곤 한다. 그 중 자주 거론되는 커플들 중 하나가 쇼팽과 조르주 상드일 것이다. 폴란드의 작곡가이며 피아노의 시인이라 불리우는 쇼팽은 폴란드를 떠나 유럽의 여러 나라를 돌아다니다가 결국 프랑스 파리에 자리를 잡게 된다.

이후 쇼팽은 여러 친구를 사귀게 되는데, 그들 중 한 명이 바로 리스트이다. 리스트는 뛰어난 피아노 연주 실력과 빼어난 외모로 많은 여성 팬을 몰고 다니는 최고의 스타였다. 리스트는 그의 연인이 경영하던 한 살롱에서 쇼팽에게 조르주 상드라는 여류 작가를 소개한다. 쇼팽은 처음에 사람들과 어울려 담배를 피우고, 거기에 남장까지 하고 있는

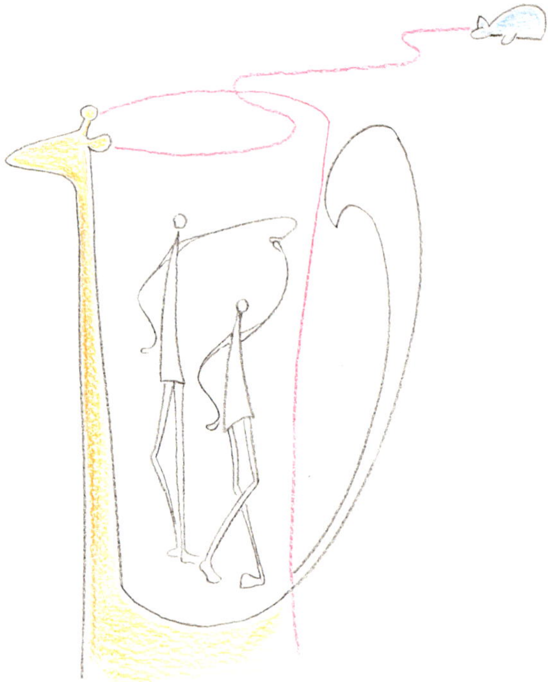

케냐 AA는 독특한 향을 머금고 있다. 신맛이 지나가면 부드러운 과일의 단맛이 꿈결처럼 아련히 혀 위에 감돈다.

그녀가 마음에 들지 않았다. 그녀는 쇼팽보다 6살이나 많았고, 두 아이를 둔 이혼녀였다. 또한 비교적 차분하고 섬세한 성격의 쇼팽과는 달리 조르주 상드는 많은 사람들과 어울리며 파리에서의 사교 생활을 즐겼던 외향적인 성격의 소유자였다. 두 사람의 사랑도 남성적인 성향이 강한 조르주 상드의 적극적인 노력으로 이루어졌다. 당시 쇼팽은 병을 얻어 건강이 몹시 좋지 않은 상태였지만 조르주 상드는 쇼팽을 극진히 간호해주었고, 이런 상드의 보살핌 속에 쇼팽은 이후 많은 작품을 썼다. 쇼팽과 상드의 사랑은 9년간 지속되었다. 근본적으로 성향이 다른 두 사람의 관계가 그리 오래 갈 수는 없었을 것이다. 조르주 상드와 헤어진 쇼팽은 병이 더 악화되어 3년 뒤 눈을 감았다.

쇼팽의 음악은 맑은 창으로 가득 들어와 내려앉는 환하고 따뜻한 햇살처럼 따사롭고 서정적인 멜로디를 담고 있다. 그 선율에 잠시 머물러 있으면 마음이 바다처럼 고요해진다. 서정 시인이 써 내려간 아름다운 이야기를 피아노의 선율로 대신하듯 쇼팽은 그렇게 음악을 만들어 냈다. 쇼팽의 아름다운 곡들 중에 커피 케냐 AA를 꼭 닮은 곡이 있다.

쇼팽은 4곡의 즉흥곡을 작곡하였는데, 그 중 3곡은 그가 살아 있을 때 발표하였고, 나머지 한 곡은 그가 세상을 떠날 때까지 발표를 하지 않았다. 전해오는 이야기로는 쇼팽이 마지막 4번째 즉흥곡을 너무 좋아했기 때문에 발표하지 않았다고 한다. 결국 4번째 곡은 그가 죽은 후 발표 되었는데 그 곡이 바로 '즉흥 환상곡' 이다.

시작 부분은 한 여름날의 소나기처럼 강하게 휘몰아치다가 어느 한 순간 거짓말처럼 고요하고 사랑스런 멜로디가 촉촉이 들려온다. 이렇게 다른 빠르기의 음악이 자연스럽게 한 곡 안에 담겨 있다는 것이 신비하기까지 하다.

케냐 AA는 독특한 향을 머금고 있다. '즉흥 환상곡' 의 시작 부분처럼 첫 맛은 신맛과 굵직한 모양의 바디감이 강하게 느껴지지만, 그 신맛이 지나가면 보드라운 과일의 단맛이 꿈결처럼 아련히 혀 위에 감돈다. 전체적인 맛의 밸런스가 좋고 입안에 남아 있는 뒷맛 또한 독특한 풍미를 가지고 있어 전체적으로 고급스러운 이미지를 남긴다.

자, 이제 같지만 다른 커피 두 잔을 마셔보자.

케냐의 경관과 두 남녀의 마음을 잘 그려낸 음악 'Flying over Africa' 를 들으며 케냐 AA를 마신다면 가슴 깊이 전해지는 케냐의 향을 맡아 볼 수 있을 것이고, 쇼팽이 그토록 사랑했던 곡 '즉흥 환상곡'을 들으며 케냐 AA를 마셔보면 쇼팽의 사랑스런 멜로디와 이 커피가 표현하는 맛의 리듬이 닮아 있음을 느끼게 된다. 그 리듬에 맞춰 다시 케냐 AA를 마셔 보면 이제 쇼팽의 이야기가 들려 올 것이다.

Part 2

커피향에 스며든 멜로디

파푸아 뉴기니 시그리 AA … When you wish upon a star

온두라스 SHG … Secret

인도 몬순 말라바 AA … My heart will go on

에티오피아 모카 하라 롱 베리 … All you need is love

예멘 모카 마타리 … Amor I love you

탄자니아 AA … Lion sleep tonight

에티오피아 모카 예가체프 … Those sweet words

파나마 게이샤 … 꽃의 이중창

에티오피아 모카 시다모 … Come here

페루 쿠스코 … The ludlows, 엘콘도 파사

별처럼 맑은 커피

파푸아 뉴기니 시그리 AA

⋮

『피노키오』

When you wish upon a star

지금 추출하고 있는 커피 파푸아 뉴기니 시그리 AA는 중배전 된 커피인데 몇 번 마셔 본적이 없는 커피여서 약간 흥분이 된다.

핸드 드립으로 커피를 추출할 때 사용하는 드리퍼는 멜리타, 칼리타, 고노, 하리오, 융 드리퍼 등 여러 가지가 있다. 각 드리퍼 마다 특성이 있어 커피를 추출할 때 자신이 추구하는 커피 맛에 따라 드리퍼를 잘 선택해서 커피를 추출해야 한다. 내가 새로운 커피를 만났을 때 처음 사용하는 드리퍼는 멜리타이다. 멜리타 드리퍼의 가장 큰 특징은 추출 구멍이 한 개여서 물 빠짐이 느리다는 것인데, 이런 이유로 드리퍼 아래 부분에 있는 커피는 물에 잠겨 있는 상태에서 추출이 이루어진다. 물에 잠긴 상태로 추출이 되다보니 커피가 가지고 있는 장단의 맛을 그대로 느껴볼 수 있지 않을까 하는 마음에서 새로운 커피를 만날 때마다 멜리타 드리퍼를 선택하는 것이다.

우선 중간 정도의 분쇄도로 커피를 분쇄하고, 물을 부어 뜸을 들일 때 시간도 조금 길게 잡아 40초 정도 주었다. 물의 온도는 88° 로 하였고 물줄기는 가늘게 끊이지 않도록 한번에 부어 주었다. 조금 진한 커피로 이 커피의 정체를 좀더 잘 살펴보려는 마음으로……

핸드 드립으로 추출하는 커피의 맛은 추출하는 사람의 마음 상태에 따라 차이가 난다. 적절한 온도, 물줄기의 굵기, 추출 시간 등을 생각하며 내리는 정성이 들어간 커피와 대충 내려진 커피의 맛은 당연히 차이가 날 수밖에 없다. 그래서 나는 커피를 추출할 때 기분 좋은 상태에서 편안한 마음으로 커피를 내리기 위해 음악을 즐겨 듣는 편이다. 지금은 사라본의 'Moon river'를 듣고 있다. 달콤하고 사랑스러운 멜로디의 이 곡을 감성이 풍부하고 생기가 넘치는 사라본의 목소리로 들으니 훈훈한 온기까지 전해진다.

이렇게 추출된 커피에는 가녀린 신맛이 담겨 있어 입안을 맑고 깨끗하게 만들어주며 신맛이 지나간 자리에 달콤함까지 가득 담겨 있다. 열매에서 나오는 듯한 단맛은 끈적거리지 않고 깔끔하여 목 넘김이 좋다.

이 커피가 가지고 있는 신맛과 단맛에 어울리는 중간 정도의 바디감은 맛의 선명도를 더욱 살려 마치 입안으로 깨끗한 시냇물이 지나가는 듯하다. 과일의 향이 선사하는 향미는 커피를 마신 뒤에도 계속 입안에 남아 있으며 커피가 약간 식은 뒤에도 가지고 있던 맛을 흘리지 않고 오히려 자신이 가지고 있는 고소함까지 선물한다.

우리에게 친숙한 월트디즈니의 만화영화 피노키오의 주제곡이 'When you wish upon a star'이다. 거짓말을 하면 코가 길어지는 나무인형 피노키오가 펼쳐가는 이야기를 그린 만화영화 『피노키오』는 이 곡으로 아카데미 주제가상을 받기도 했다. 고향 같은 포근한 목소리를 가진 클리프 에드워드가 불러서 더욱 기억에 남아 있는 곡이기도 하다.

재즈에서 스탠더드 넘버standard number라는 말을 자주 사용하는데 그 의미는 많은 사람들에게 오랜 시간 사랑을 받

저녁별이 잘 보이는 어느 맑은 날 별빛을 담아 신비롭고 환상적인 밤하늘의 모습을 가슴에 새기며 마시는 파푸아 뉴기니 시그리 AA.

으며 즐겨 연주되는 곡을 의미한다. 'When you wish upon a star' 또한 많은 사람들에게 연주되고, 애창되어 사랑 받는 재즈 발라드 곡 중에 하나로 스탠더드 넘버가 된 곡이다. 그리고 이 곡은 늘 나에게 별을 보고 싶게끔 만들었다.

밤하늘의 별은 파란 바다나 짙은 녹색의 숲처럼 언제나 편안한 휴식을 준다. 쏟아질 듯 밤하늘을 가득 메운 별을 보는 것만으로도 마음이 정화되고 동심으로 돌아가게 한다. 옛날부터 사람들은 별을 보며 꿈을 꾸었고, 다양한 이야기를 별에 담아 왔다. 그래서 별에는 무수히 많은 신화와 전설과 사연이 있다. 별이 그토록 빛나는 것은 어쩌면 수없이 많은 이야기를 간직하고 있기 때문일지도 모른다. 밤하늘을 보며 별자리를 찾고, 그 별에 얽힌 신화들을 떠올리는 것만큼 로맨틱하고 근사한 풍경이 있을까?

오리온의 별자리에서 가장 밝은 별의 이름은 베텔게우스인데 이 별과 지구까지의 거리는 640광년이라고 한다. 지금 보고 있는 이 별의 모습은 640년 전에 보낸 빛이라는 이야기이다. 지금 이 별이 사라진다 해도 앞으로 640년 동안은 계속 이별을 볼 수 있다. 전설 속에 나오는 견우와 직녀의 직녀성은 지구와의 거리가 26광년이니까 26년 전에 보내어진 모습을 보는 것이고, 백조자리의 데네브별은 1500광년이니 삼국시대에 보낸 빛을 우린 지금 보고 있는 것이다. 그 오랜 역사와 함께 신비로움을 보여준 별 속에 하나쯤은 내 별을 정하여 두고 내 이야기를 담아 두고 싶다는 생각이 든다.

파푸아 뉴기니 시그리 AA 커피는 별처럼 맑고 고요한 커피이다. 저녁별이 잘 보이는 어느 맑은 날 달콤함이 가득한 이 커피를 큰 머그잔에 가득 담아 창가로 다가가 'When you wish upon a star'를 들어 보자. 짙은 커피 속에 1500년 전의 별빛을 담아 신비롭고 환상적인 밤하늘의 모습을 가슴에 가득 새기며 마시는 커피만큼 낭만적인 커피가 있을까?

깨끗하고 달콤한 과일 향으로 동심에 젖어 들게 하는 이 커피를 마시며 'When you wish upon a star'를 들으면 가슴 가득 포근함이 내려 앉을 것이다.

맑고 깨끗한 여백의 맛

온두라스 SHG

⋮

『말할 수 없는 비밀』

Secret

10여 년 전 우연히 참석하게 된 모임에서 와인을 마셔 본 적이 있었다. 사실 그전에는 와인에 별로 관심도 없었고, 마셔볼 기회도 없었다. 그 날 어떤 분이 내게 와인 한 잔을 건네주었다. 와인 이름을 가르쳐 주긴 했는데 외우기도 힘들었고 외우고 싶지도 않았다. 그렇게 마시게 된 와인은 무뎌진 나의 입맛에도 느껴질 만큼 감동적이었다. 그 와인은 단맛과 과일 향, 무거운 듯하지만 매끈한 바디감이 훌륭하게 조화를 이루고 있었다. 그 후 몇 개월이 지난 뒤 그 와인을 다시 마셔 보고 싶어 이런저런 정보도 얻고 다양한 와인을 마셔 보기도 했지만 아직까지도 그 와인을 찾지 못했다. 그때부터 와인을 마시면 라벨부터 보게 된다. 와인의 라벨에는 다양한 정보가 들어 있다. 와인의 생산지역, 포도 품종, 포도의 생산 연도, 와인의 등급 등등…… 이런 작은 관심으로 이제는 내가 기억하고 싶은 와인을 적어도 잊어버리진 않게 되었다.

커피에도 알아 두면 좋을 몇 가지 정보가 있다. 내가 좋아하는 맛의 커피를 기억해 두기 위해, 그리고 그 커피의 풍미를 좀더 이해하기 위해서 말이다. 우리가 흔히 사용하는 커피 생두의 이름에는 제일 먼저 생산국의 이름이 나온다. 그 다음은 생산지역, 커피의 등급, 수출 항구 등을 적어 표기한다. 그 생산지나 수출 항구는 그냥 외우면 되겠지만 커피의 등급 분류는 약간의 노력이 필요하다.

커피의 등급 분류 기준은 나라마다 조금씩 다르다. 우선 생두의 사이즈에 따라 등급을 분류하는데 콜롬비아의 경우에는 슈프레모가 가장 큰 사이즈이고, 다음이 엑셀소이다. 케냐의 경우 AA, AB, C 순으로 AA가 가장 크다. 에티오피아는 생두가 가진 결점두의 수로 등급을 분류하는데 G1, G2, G3…… 중 G1이 가장 결점두가 적은 빈이다. 그리고 온두라스는 커피가 재배되는 지역의 고도에 따라 등급을 분류하는데, SHGStrictly High Grown, HGHigh Grown, CS Central Standard로 나누며 이중 SHG가 가장 높은 재배지역에서 생산된 커피이다.

이런 등급의 차이를 생각하며 커피를 마시면 좀더 커피의 깊은 풍미를 느낄 수 있을 것이다. 우선 빈이 큰 사이즈의 커피를 마실 때에는 크고 잘 익은 열매를 떠올릴 수 있고, 결점두가 적은 커피에서는 선명하고 맑은 커피를, 고도가 높은 재배 지역에서 자란 커피 열매에서는 깨끗하고 아름다운 산의 풍경을 그릴 수 있다. 물론 빈의 사이즈가 좀 작아도, 고도가 좀 낮은 곳에서 자라도 맛있는 커피야 있겠지만 커피를 마시며 해보는 이런 풍부한 상상은 커피를 음미하는데 즐거움을 주리라 생각한다.

온두라스 SHG는 자몽의 쌉쌀한 뒷맛이 느껴지는데, 이 맛은 강하게 나오려고 하는 신맛을 잡아주어 맛의 밸런스를 유지시켜준다. 여기에 가늘게 펼쳐져 있는 단맛 또한 하모니를 잘 유지시켜 준다. 동양화에서 느껴지는 여백의 미처럼 복잡한 맛이 아닌 깨끗하고 차분한 맛은 개성 있는 커피의 매력으로 다가온다. 꼭 필요한 맛만 깔끔하게 담고 있

소중한 첫사랑의 기억처럼 온두라스 SHG는 자몽의 쌉쌀한 뒷맛이 느껴진다. 꼭 필요한 맛만 깔끔하게 담고 있는 여백의 맛.

는 여백의 맛은 보드라운 바디감과 함께 더욱 선명하게 도드라진다. 온두라스 SHG에는 높은 산에서 자란 맑고 깨끗한 이미지가 그대로 담겨 있다.

아름다운 피아노 선율 같은 맛을 가진 온두라스 SHG를 마시면 영화 『말할 수 없는 비밀』에서 흐르던 서정적인 피아노곡들이 떠오른다. 이 영화가 국내에서 상영되기도 전에 이미 영화에서 피아노 배틀로 사용된 곡들이 네티즌 사이에서 화제가 되면서 관심을 모은 영화이다.

나 또한 그 대열에 서서 기다렸다는 듯 이 영화를 보았다. 마치 피아노 음악이 가득한 슬프고도 아름다운 뮤직 비디오 한 편을 보는 것 같았다. 감독이자 주인공이었던 주걸륜의 매력을 느낄 수 있었던 이 영화는 따스하고 잔잔한 음악으로 문을 연다. 섬세하게 진행되는 이야기와 자주 볼 수 없었던 대만의 아름다운 풍경이 더욱 영화로 끌어들인다. 화제가 되었던 피아노 배틀 장면에서는 저절로 그 리듬에 몸을 싣게 된다. 그러면서 떠오른 생각이 '악기를 잘 다룬다는 것은 참 행복한 일이겠구나' 였다. 이 영화 때문에 피아노를 배우고 싶어 하는 사람들이 많아졌다는 이야기를 들었는데 그제야 이해가 갔다.

주걸륜 감독은 어린 시절 첫사랑의 기억을 떠올려 이 영화를 만들었다고 한다. 피아노 속에서 발견한 오래된 악보, 그리고 그 속에 담긴 멜로디 'Secret'는 누구나 한번쯤 겪은 첫사랑의 소중한 기억을 떠올리게 한다. 그리고 그 곡을 듣다 보면 곡명처럼 그 시절의 소중한 기억은 가슴속에 비밀처럼 묻어 두라고 하는 듯 하다.

온두라스 SHG의 깨끗하고 절제된 듯한 맛은 이 영화의 테마 곡 'Secret'의 신비롭고 사랑스러운 멜로디와 최고의 하모니를 이룰 것이다. 자, 이제 온두라스 SHG 커피를 마시며 상상해 보자. 높고 아름다운 산에서 잘 자란 커피 열매를 상상하며 이 커피를 마시면 피아노 소리처럼 맑고 깨끗함이 느껴질 것이다. 그리고 가슴속에 묻어둔 소중한 기억을 떠올리며 신비롭고 아름다운 피아노 곡 'Secret'를 함께 들으면 커피의 향이 추억 속으로 데려가 줄 것이다.

바다를 닮은 바람의 향

인도 몬순 말라바 AA

⋮

『타이타닉』

My heart will go on

400여 년 전 바바부단이라는 사람이 인도에 처음 커피나무를 심어 인도에서 커피가 경작되기 시작하였고, 그 후 인도의 커피는 유럽으로 수출되었다. 당시 배편으로 인도에서 유럽까지 가려면 몇 개월이 걸렸다. 배에 실린 커피 생두는 긴 시간 바다의 습한 바람을 받아 특유의 묘한 풍미를 가진 생두로 변하게 되었다. 시대가 변해 선박 기술이 발전하고 배의 항로도 단축되면서 예전에 발생했던 생두의 변화가 사라지자, 인도 커피 맛에 익숙해진 사람들은 그 특유의 향미를 그리워하게 되었다. 그래서 인도에서는 예전처럼 바닷바람으로 만들어진 고유의 맛을 다시 살리기 위해, 일부러 생두에 몬순 바람을 일정 기간 쐬어주게 되었는데 이것이 지금의 몬순 커피이다.

인도 몬순 말라바 AA 커피는 다른 커피에서 느껴보지 못한 강한 고소한 맛 때문에 특이하다는 생각이 들었다. 마시면 마실수록 단맛과 고소함이 강해지며 코끝을 자극하는 치즈의 향이 느껴지기도 한다.

블루치즈를 처음 대했을 때의 낯설음과 어색함이 곧 중독으로 바뀌듯 이 커피에서 나오는 치즈의 향은 깊은 풍미로 느껴지며 매력적으로 다가온다. 묵직한 바디감과 함께 풍기는 독특한 향은 사연 많은 오래된 물건처럼 다가왔다. 바다를 닮은 특유의 향이 치즈 향과 함께 퍼져 나오고, 바람의 촉감처럼 부드럽고 깊은 질감은 언제 마셔도 바다를 연상케 한다.

오페라 『나비 부인』의 배경은 일본의 나가사키 항구이다. 나비부인은 본래 좋은 가문의 딸이었으나, 어느 날 집안이 몰락하자 어쩔 수 없이 게이샤가 되었다. 나비 부인은 주위 사람들의 만류에도 불구하고 미 해군 중위 핑커톤과 결혼을 하게 되는데, 결혼 후 얼마 되지 않아 핑커톤은 미국으로 돌아간다. 어느덧 3년이 흐르고 나비 부인은 홀로 아이를 낳아 기르며 핑커톤이 돌아오기만을 기다린다.

그리고 마침내 핑커톤은 돌아오지만, 미국에서 다시 결혼하여 미국인 아내와 함께였다. 나비 부인은 핑커톤의 아내가 자신의 아이를 원한다는 것을 알게 되자, 그들이 원하는 대로 아이를 주기로 하고 아버지가 물려준 단검으로 자결한다.

나비 부인이 핑커톤을 기다리며 바다를 바라보고 부르는 아름다운 아리아 '어느 갠 날'을 들으면 시원하면서 애절한 바다가 눈앞에 가득 차는 듯하다.

푸치니의 오페라 『나비 부인』을 생각하면 바다가 연상되듯 바다의 아름다운 정치와 웅장함, 그리고 비장함을 모두 함께 느낄 수 있게 하는 영화가 있다.

영화 『타이타닉』은 1912년 영국의 초대형 여객선 타이타닉호의 침몰이라는 실제 사건을 배경으로 한 영화이다. 실제 상황을 보는듯 웅장하고 거대한 장면들, 그리고 위기 상황에서 일어날 수 있는 인간의 여러 행동방식이나 심리변화를 섬세하게 잘 그려낸 제임스 카메론 감독의 연출력에도 찬사를 보내지만 이 영화가 우리를 사로잡았던 또 다른

바람의 촉감처럼 부드럽고 깊은 질감의 인도 몬순 말라바 AA는 언제 마셔도 바다를 연상케 한다. 마실수록 단맛과 고소함이 강해지며 코끝을 자극하는 바다를 닮은 치즈의 향.

요소 중 하나는 자유롭고 따뜻한 정신을 잘 표현해낸 레오나르도 디카프리오와 그의 매력에 빠져 사랑에 흠뻑 젖어드는 역할을 잘 소화해낸 케이트 윈슬렛 두 사람의 아름다운 눈빛 연기라는 생각이 든다.

그리고 많은 이들이 배를 타거나 시원한 바다 풍경을 보면 두 팔을 벌리고 한번쯤 흉내내보았을 명장면이 떠올라 더욱 기억에 남는 영화이기도 하지만 무엇보다 오랫동안 기억에 남게 하는 이유는 영화에 너무 잘 어울리는 배경음악이다.

확 트인 바다의 아름다움을 배경으로 흘러나오는 아일랜드 민속악기인 휘슬의 연주소리와 노르웨이의 유명한 가수 시셀의 청아한 목소리로 만들어 내는 스캣송은 오랜 시간 바다 속에 잠겨 두었던 슬픈 사랑의 진실을 그려내는 듯한 애잔함과 신비로움으로 다가온다. 또한 언제 들어도 가슴까지 시원해지는 셀린디온의 'My heart will go on'은 눈앞에 바다를 펼치는 듯 했다.

영화에서 배가 침몰할 때 끝까지 남아 연주를 했던 악단은 실제로 있었던 상황이었고, 마지막까지 연주했던 곡은 찬송가 '내 주를 가까이 함은'이라는 곡이었다고 전해진다. 승객들이 생의 최후의 순간을 맞을 때 비명소리 대신 아름다운 선율의 음악을 들으며 평안히 마지막 끈을 놓을 수 있었을 것이라는 생각이 들었다. 그들의 용기와 숭고한 정신에 고개가 숙여진다. 이것이 음악의 힘이 아닐까……

가끔 일상에 지쳐 위로 받고 싶을 때 우리는 종종 바다를 생각한다. 누가 가르쳐 준 것도 아닌데 왠지 그곳에 가면 무언가가 감싸주고 치유해줄 것 같아 가끔 바다를 그리워한다. 그런 바다를 바라보며 따뜻한 커피를 마시고 싶을 때 바다를 떠오르게 하는 이 곡들과 함께 바다 향을 간직한 인도 몬순 말라바 AA를 마시면 마음이 평화로워지고 커피의 향미가 더욱 강하게 다가오는 것을 느낄 것이다.

잊히지 않는 소중한 시간

에티오피아 모카 하라 롱 베리

⋮

『러브 액츄얼리』

All you need is love

몇 개월 전 커피 묘목이 심어져 있는 작은 화분 하나를 얻어 왔다. 꽃이나 나무를 키우는데 익숙하지 않아 이미 여러 종류의 묘목들이 들것에 실려 나갔는데, 이번에는 정성을 좀 기울여 볼까 한다. 커피가 잘 자라는 이상적인 기후를 가졌다는 커피벨트는 적도를 기준으로 위아래 25° 이내에 있는 지역을 말한다. 그 지역의 평균 기온으로 온도를 맞추고 그 지역의 연평균 강우량으로 물을 주려고 한다. 빨간색의 커피 체리를 보는 것이 우선 목표다.

커피나무에 열리는 체리도 다른 과일처럼 과육과 씨앗이

있는데, 과육 안에 있는 2개의 씨앗이 바로 생두Green Bean이다. 이 생두를 볶으면 커피를 추출할 수 있는 원두가 된다.

커피 체리 안에 숨겨져 있는 생두를 얻기까지의 가공방식은 크게 두 가지로 나눌 수 있다. 하나는 커피 체리의 껍질을 벗기고 물로 과육을 씻어 낸 다음 건조한 후에 생두를 얻는 수세방식이고, 다른 하나는 체리 상태로 햇볕에 건조시켜 생두를 얻는 자연 건조방식이다. 상상만으로도 알 수 있듯이 가공방식에 따라 커피의 향미는 각각 다른 장점을 지니게 된다. 수세방식의 커피가 맑고 깔끔한 맛을 가진다면, 자연 건조방식의 커피는 껍질과 과육의 맛이 생두에 그대로 스며들어 달고 짙은 풍미가 전해진다.

이 시점에서 와인을 한번 떠올려 보자.

포도를 으깬 다음 껍질과 씨를 함께 발효시키는 레드 와인과 포도를 짜서 얻은 즙만을 발효시키는 화이트 와인은 색깔뿐 아니라 맛에서도 차이가 난다. 기본적으로 껍질과 씨는 포도를 잘 숙성시키는 데 도움이 되는 탄닌 성분이 풍부하다. 그래서 탄닌의 영향으로 레드 와인은 깊은 맛을 갖게 된다. 나는 수세방식의 커피에서는 화이트 와인을, 자연 건조방식에서는 레드 와인을 떠올리곤 한다. 그리고 각각의 방식에서 나오는 맛을 비교해 보고 또 즐긴다.

와인이든 커피든 이런 과정을 말하는 이유는 어느 것이 더 좋은 것인지를 따지려는 것이 아니고 일련의 과정을 알고 커피를 마시면 그 맛을 즐기는데 도움이 될 것 같아서다.

자연 건조방식으로 가공된 커피 하라 롱 베리는 잘 익은 과일이 가지고 있는 신선한 신맛과 커피 체리의 과육에서 나오는 듯한 풍성한 단맛을 동시에 지니고 있다. 우유나 설탕을 필요로 하지 않을 정도로 꽉 차 있는 듯한 맛이 나면서 커피가 천천히 식어 갈수록 초콜릿 맛이 진하게 퍼진다. 하라 롱 베리의 초콜릿 맛을 입안 가득 머금고 살며시 눈을 감으면 영화 『러브 액츄얼리』가 달콤하면서 부드럽게 서서히 녹아든다.

영화 『노팅 힐』, 『브리짓 존스의 일기』의 시나리오를 썼던 작가 리차드 커티스Richard Curtis가 처음으로 연출을 맡은 작품이다. 영화는 상자 안에 가득 담겨 있는 이야기들을 한꺼번에 쏟아 붓는 것처럼 시작된다. 너무 많은 사연들을 끄집어내다보니 과연 어떻게 이야기를 풀어갈까 하는 궁금증도 들었다. 하지만 『사랑은 어디에나 있다』라는 영화의 캐치프레이즈처럼 우리 주변에 늘 있어온 삶과 사랑을 다

자연 건조방식으로 가공된 하라 롱 베리의 초콜릿 맛을 입안 가득 머금고 살며시 눈을 감으면 영화 『러브 액츄얼리』가 달콤하면서 부드럽게 서서히 녹아든다. Love, Love, Love……

룬 영화이니만큼 자연스럽게 이야기는 흘러갔다.

누구나 인생에서 자기 자신이 주연배우이다. 하지만 가족, 친구들, 혹은 누군가의 인생에서 '나'는 화려한 조연이 될 수도 있고, 또 누군가를 위한 단역이 될 수도 있다. 내가 중요한 순간으로 가는 동안 많은 사람들이 나를 지켜보고 함께해 주었듯이, 나 또한 그 누군가의 중요한 순간을 위해 얼마든지 훌륭한 조연을 맡는다.

우린 누구나 한번은 사랑에 있어 가장 아름답고 소중한 순간들을 맞이하게 된다. 그때 세상이 멈춰버릴 것 같은 떨리는 순간에 함께해 줄 음악으로 영화 『러브 액츄얼리』는 어떤 곡을 선택 했을까. 커피 하라 롱 베리처럼 따뜻하고 달콤한 곡들이 담겨 있는 사운드트랙을 살며시 플레이 시킨다.

첫번째 곡.

따뜻한 봄 햇살처럼 화사한 분위기 속에 한 쌍의 커플이 결혼식을 올리고 있다. 신랑, 신부의 입가에 행복한 미소가 가득한 그 순간, 2층 하얀 커튼 사이로 합창단의 부드러운 노랫소리가 흘러나온다. Love Love Love…… 그리고 그 노랫말을 쫓듯 나타난 린든 데이빗 홀Lynden David Hall이 비

틀즈의 'All you need is love'를 부른다. 그의 감미로운 목소리는 신랑, 신부뿐 아니라 축하해주러 온 모든 하객들까지 포근하게 감싸 안으며 '사랑'으로 이어준다. 그리고 스크린 너머에 있는 관객에까지 그의 목소리는 손을 내민다. 여기 아름답고, 소중한 사랑의 순간을 함께 느끼세요, 하면서.

누구라도 이런 축하곡을 선물 받았다면 아마 평생 잊히지 않는 최고의 순간으로 기억될 것이다.

두번째 곡.

행복한 순간으로 가는데 즐거움만 있는 것은 아니다. 상처를 받기도 하고, 또 주기도 하고 그러면서 언젠가 다가올 그 순간을 기다린다. 마크는 사랑해서는 안 될 여인에게 마음을 들키고 말았다. 너무 당황스럽고 가슴이 아프고 눈물이 나려 하고…… 그저 답답한 마음에 무작정 거리를 걷고 또 걷는다. 애잔한 목소리 다이도Dido의 'Here with me'가 마크의 힘없는 걸음걸이를 쫓아 흘러내린다. 어떠한 말로도 위로가 되지 않을 때 그저 옆에 있어 주는 것만으로도 좋은 친구처럼 말이다.

세번째 곡.

한 소년의 사랑을 받고 있는 소녀 조안나Olivia Olson는 학기말 콘서트에서 노래를 부른다. 강렬하고 힘 있는 목소리로 부르는 'All I want for Christmas is you'. 어린 소녀의 목소리라고는 믿기지 않을 정도로 뛰어난 가창력과 음색. 사랑을 담고 있는 어린 소녀의 노래는 마치 하얀 눈이 내리는 크리스마스 선물처럼 느껴진다.

이 영화를 본 사람마다 조금씩 차이가 있겠지만 위의 곡들이 나에게는 엔딩 자막이 올라가고, 극장을 나와서도 내내 귓가에 맴도는 곡들이었다.

영화에서 보여주는 것처럼 우리도 한번은 사랑에 얽힌 중요한 순간들을 지나게 된다. 그 아름답고, 잊히지 않는 중요한 순간에 가슴에 맴도는 음악이 있다면 그 음악과 함께 커피 하라 롱 베리를 추천해주고 싶다. 열매 전체에서 전해지는 풍부하고 진한 맛을 가진 커피 하라 롱 베리와 함께 한다면 그곳이 어디든 누구와 있던 그 자리는 이미 잊을 수 없는 순간이 될 것이다.

향미의 경계

예멘 모카 마타리

:

마리사 몬테
Amor I love you

커피의 향을 맡으며 그 향미의 경계에서 망설이는 경우가 종종 있다. 가령 같은 날 로스팅 된 같은 커피임에도 불구하고 마실 때마다 다른 과일의 향을 떠올릴 때가 있다. 커피뿐 아니라 음악에서도 그런 비슷한 경우가 있다. 어느 날 우연히 아주 서정적인 곡을 듣게 되었는데 그 곡이 아름답고 사랑스러운 곡인지, 아니면 슬프고 애잔한 곡인지 구분이 애매한 경우가 있다. 이럴 때 방법이 있는데 한번 들어보고 시도해 보시기를……

우선 음악에 있어 그 판단이 애매하다면 잠시 눈을 감고 이런 상상을 해보자. 난 지금 맛있는 초콜릿을 만드는 회사의 주인인데 오늘 이 초콜릿을 홍보하기 위해 TV CF를 만들고 있다. 그 CF의 배경음악이 필요한데 오늘 내가 들은 곡이 CF 배경음악으로 써도 좋을지. 만약 써도 좋다고 느껴진다면 그 곡은 슬프고 우울한 곡은 아닐 것이다. 특별한 콘셉트로 꼭 필요한 경우가 아니라면 나의 사랑스런 제품을 홍보하는데 우울한 곡은 쓰고 싶지 않을 테니 말이다. 그 곡은 분명 아름답고 사랑스러운 곡일 것이다.

그럼 커피의 경우는 어떨까? 이 이야기를 하기 전에 『프렌치 키스』라는 영화 이야기를 잠시 먼저 해야겠다.

이 영화는 귀엽고 상큼한 배우 멕 라이언과 늘 변화무쌍한 케빈 클라인이 만들어 내는 로맨틱 코미디이다. 두 사람의 코믹하고 재미있는 해프닝도 좋지만, 이 영화에는 또 다른 매력이 있다. 우선 당장 프랑스로 가고 싶게 만드는 멋진 풍경, 고풍스러운 파리의 거리, 포도 농장이 그려내는 아름다운 시골 풍경, 걷고 싶게 만드는 깐느의 해변 등등. 그리고 그 풍경에 어울리는 풍성한 들을 거리가 더욱 이 영화의 매력을 끌어올리고 있다.

케빈 클라인이 직접 부르는 'La mer 바다' 는 특유의 구수

예멘 모카 마타리는 부드러운 와인의 향미가 입안을 얇게 감싸며 그 뒤로 초콜릿의 향과 잘 익은 과일의 육즙에서 나오는 단맛이 서서히 전해오는 커피이다.

하고 남성적인 보컬이 아주 매력적이고, The Beautiful South가 만들어 내는 색다른 맛의 'Dream a little dream'은 영화를 계속 떠오르게 하는 특별한 맛을 가지고 있다.

이 영화에는 내게 특별한 장면이 있다. 포도 농장에서 케빈 클라인은 멕 라이언에게 와인을 한 잔 주며 마셔보게 한다. 그리고 로즈마리, 라벤더 등의 향이 담긴 몇 개의 병을 내밀며 그 향을 맡아보게 한다. 그리고 다시 그 와인을 마시게 한 다음 그 맛을 설명 해보라고 한다. 향을 맡기 전에 물었을 때는 잘 구별하지 못했던 향을 멕 라이언은 마술처럼 멋지게 표현한다.

이 장면이 위에서 얘기한 애매한 커피의 향을 좀더 잘 느끼고 표현할 수 있는 방법이 아닌가 생각한다. 그렇다고 다양한 향을 담아 놓은 아로마 키트를 사라는 얘기가 아니다. 우리가 과일을 먹을 때 나는 향과 맛을 기억하려는 관심과 꽃을 보면 다가가서 향을 맡아보는 정도의 노력을 말하는 것이다. 이런 노력만으로도 우리는 섬세한 미각과 후각을 갖게 되고, 커피를 맛있게 즐길 수 있게 될 것이다.

지금 내가 마시고 있는 커피는 예멘 모카 마타리이다. 예멘에서 재배된 커피는 모카라는 항구를 통해 수출이 이루어졌다. 그 후 모카 항구에서 수출된 커피를 모카 커피라 부르게 된 것이다. 예전엔 초콜릿을 만드는 코코아 열매처럼 모카 향을 만드는 모카 코코아가 따로 있는 줄 알았다.

예멘 모카 마타리는 부드러운 와인의 향미가 입안을 얇게 감싸며 그 뒤로 초콜릿의 향과 잘 익은 과일의 육즙에서 나오는 단맛이 서서히 전해오는 커피이다. 야성적인 강렬한 향미인 듯 하지만 전체적인 맛의 조화가 잘 이루어져 강렬한 향미마저 부드럽게 느껴진다.

내가 예멘 모카 마타리를 마실 때 한번씩 찾아 듣는 곡이 있다. 브라질 출신 가수 마리사 몬테가 부른 'Amor I love you'. 특별한 사연이 있는 것도 아닌데 이곡을 들으면 일상에서 얻은 긴장이 풀리고 미소까지 머금어진다. 이곡은 언제나 밝은 톤의 편한 공간에 자리 잡고 앉아 부드러운 커피 한잔을 마시고 싶게 한다. 초콜릿 향이 나는 감미로운 예멘 모카 마타리를, 따스하고 사랑스런 목소리로 그녀가 부르는 이 곡과 함께 하면 단잠 같은 휴식을 선물 받는다.

웅대한 아프리카 대륙의 향미

탄자니아 AA

⋮

Lion sleep tonight

아프리카의 넓고 아름다운 초원을 떠올리며 커피 탄자니아 AA를 만났다. 웅장한 대자연에서 자란 커피나무에서 왔을 것을 생각하면 가끔 마음이 설렌다.

로스팅을 배우고 처음 볶아본 커피가 바로 탄자니아 AA이다. 짧은 지식으로 이 커피의 개성 강한 맛을 끄집어내기 위에 이리저리 고민했다. 그리고 처음 의도한 것보다 긴 시간 열량을 주자 원두의 양끝이 타 들어갔고, 표면에는 기름이 흘러나와 윤기가 반짝반짝 났다. 이 빈으로 커피를 추출하면 진한 한약이 한 사발 나올 것 같은데……

좀 험하게 볶긴 했지만 내가 직접 볶은 커피이니 만큼 애정을 가지고 다양한 시도를 해보았다. 비교적 안정적인 맛을 내는데 유리하도록, 나에게 가장 익숙한 칼리타 드리퍼에 빈을 적당한 분쇄도로 분쇄하여 올려놓고 물의 온도를 바꾸어 가며 여러 번 추출을 해보았다. 역시 짙은 향과 더불어 탄 맛이 강하게 흘러 나왔다. 집안이 온통 커피 향으로 가득 찼을 시간, 친구 부부가 찾아왔다. 문을 열자마자 확 풍겨오는 진한 커피 향 때문인지 집안에 들어서자마자 커피가 마시고 싶다고 난리였다.

마침 추출하고 있던 2인분의 커피를 준비하고, 그들에게 내어 주기 전 커피 맛을 살짝 보았다. 역시 진한 탄맛이 입맛에 거슬려 물을 타기 시작하였다 결국 2인분의 커피는 4인분의 커피로 바뀌었다. 커피를 내어 주니 마음에 들지 않는 눈치였다. 탄 맛을 없애려고 급하게 물을 타다보니 커피 향은 남아 있었지만 물맛이 강하게 올라와 있었다. 한동안 이 커피로 씨름을 하다 보니 그래도 꽤 괜찮은 커피 맛을 낼 수 있었고, 그때 커피 공부도 많이 되었던 기억이 있다.

그때 내 관심사는 가장 맛있는 탄자니아 AA는 어떤 맛일까였다. 그래서 커피 맛을 잘 낸다는 여러 커피 전문점을 다니며 맛을 보고 내가 추출한 커피와 비교를 해보곤 하였다. 그 후 지금까지도 탄자니아 AA를 만나면 살짝 긴장이 되고 나의 온 촉각을 살려 커피를 해부하듯 파헤쳐 보려는 습관이 생겼다. 그냥 편하게 즐겨야지 하면서도 나도 모르게 '물 온도를 조금 높여야겠는데', 또는 '분쇄도를 조금 굵게 할 걸 그랬나' 등등. 그리곤 어느새 탄자니아 AA는 내겐 아주 귀한 커피가 되었다. 똑같은 커피라도 조금 더 정성을 기울이게 되고, 반가운 이들이 찾아오면 먼저 손이 가는 그런 커피 말이다.

십여 년 전 영국 캠브리지에서 오랫동안 하숙을 하며 머무른 적이 있었다. 주인집 아저씨는 마음씨 좋고, 넉넉한 웃음이 묻어나는 여유 있는 분이셨고, 아주머니는 이성적이었지만 친절하고 사려 깊은 분이셨다. 정확히는 모르겠지만 두 분 모두 50대 후반 정도로 보였다. 아주머니는 내게 종종 차를 만들어 주시며 인생에서 앞으로 겪을 일과 그 일들을 어떻게 헤쳐 나갈지를 자신의 경험에 비추어 마치 옛날이야기를 들려주시듯 이야기하곤 하셨다.

하루는 넓은 정원을 가꾸시기에 나도 잠시 도와 드렸다. 별로 힘든 일도 아니었는데 두 분 모두 고맙다며 어쩔 줄

사랑하는 아내와 남편, 함께하고 싶은 이와 나눌 추억의 시간…… 아프리카의 독특한 향미가 느껴지는 탄자니아 AA는 소중한 사람들을 위해 손이 먼저 가는 커피다.

몰라 하시더니 내일 근사한 곳에서 저녁을 사겠다며 기대하라는 말씀을 남기셨다. 다음날 두 분은 바쁘게 움직이셨다. 세탁소에 가서 옷을 수선하고 가장 근사한 옷을 꺼내어 입어보기도 하시면서…… 이쯤 되니 나도 양복을 꺼내 입고 내심 기대를 하며 그분들을 따라 나섰다.

차로 달리기를 한 시간, 산 넘고 물 건너 한참을 간 우리는 꽤 오래된 건물로 보이는 Pub으로 들어갔다. 분위기를 살피니 예상과는 달리 그저 동네 평범한 일반 음식점이었다. 하루 일을 마친 사람들이 모여 맛있는 맥주 한 잔과 담소를 나누는, 그것도 도시의 세련된 멋진 인테리어가 돋보이는 그런 장소가 아닌 그저 소박해 보이는 곳이었다. 게다가 더 압권은 두 분이 주문한 음식이었다. 큰 바구니에 가득 담겨 나오는 감자튀김과 맥주, 이것이 두 분이 주문한 메뉴의 전부였다. 내 기대와는 상관없이 두 분은 이 감자튀김이 얼마나 신선하고 바삭한지 느껴 보라며 한껏 미소를 보내셨다.

나에게는 참 많은 생각을 하게 만드는 날이었다. 작은 것에 감사할 줄 알고 무언가를 즐겁게 즐기려면 무엇을 어떻게 하느냐가 아니라 마음으로 행복해지려는 자신의 노력이 필요하다는 것도……

그분들과 함께 웃으며 바구니의 감자튀김을 다 먹었다. 그 감자튀김은 정말 바삭하고 고소했다. 아저씨 말씀에 의하면 밭에서 바로 캐낸 감자를 두툼하게 잘라 아주 뜨겁게 달구어진 깨끗한 기름에 튀겨내야 이런 맛이 나온다고 하셨다. 나에게 탄자니아 AA가 그러하듯 그분에게는 이 감자튀김이 귀한 사람에게 맛보여 주고픈 그런 음식이었을 것이다. 그리고 귀한 음식과 더불어 사랑하는 아내와 남편, 그리고 함께하고 싶은 이와 나눌 추억의 시간, 이것이 그분들에겐 더욱 중요했고, 그것이 얼마나 소중한지 알기에 아침부터 설레어 했던 것이다. 감자튀김을 보면 늘 그분들의 미소와 훈훈했던 영국 시골 Pub, 그리고 그 맛이 떠오른다.

나는 탄자니아 AA 커피를 추출하고, 마실 때 아프리카의 향에 좀더 다가가려고 이 곡을 즐겨 듣는다. 'Lion sleep tonight'.

남아공의 줄루족 출신 가수 솔로몬 린다는 어릴 적 산에서 만난 사자에게 음부베 짐바사자 가만 있어라는 단어에 멜로디를 붙여 노래를 불렀다고 한다. 그 후 린다는 그때의 기억으로 곡을 만들었고, 곡명을 음부베Mbube라 하였다.

이 곡이 바로 그 유명한 'Lion sleep tonight' 이다.

영화 『라이언 킹』에도 나오는 이곡은 많은 뮤지션들에 의해 리메이크 되었다.

내가 마신 탄자니아 AA에서는 아프리카의 향미라 생각되는 독특함이 느껴졌고 기분 좋은 신맛에 진하지만 부드러운 바디감이 빼어났다. 초콜릿 무스처럼 사르르 녹아내리는 달콤함도 있었다. 첫맛 보다는 뒷맛의 여운이 강해 진한 치즈 케이크와 함께 먹으면 좋겠다는 느낌이 들었고, 오크향이 강한 코냑이나 탄닌 성분이 강하게 느껴지는 Full body red wine이 연상되었다.

아프리카의 정서와 선율이 느껴지는 'Lion sleep tonight'을 들으며 마시는 탄자니아 AA는 분명 누군가에게 귀한 커피로 다가갈 것이다.

여성스럽고 사랑스러운 향미

에티오피아 모카 예가체프

⋮

노라 존스

Those sweet words

에티오피아 모카 예가체프 원두를 보았을 때 첫인상은 빈의 크기도 작고 단단해 보여 강한 맛이 숨겨져 있을 것 같았다. 원두를 핸드밀로 갈았을 때 느낌도 꽤 경도가 단단했다. 하지만 외형과는 달리 맛은 편안한 신맛과 구수한 맛이 전해졌고 다른 커피와 어느 정도 거리를 두는 듯 했다. 겉은 도도하고 냉정해 보이지만 그 속은 온유하고 순한 느낌이 드는 맛이라고나 할까.

다양한 커피를 마셔 본 친구들에게 몇 종류의 커피를 앞에다 두고 커피의 종류를 맞추는 게임을 재미 삼아 해본 적이 있다. 대부분 당황하며 혼란스러워 했지만 예가체프는 비교적 쉽게 찾아냈다. 그만큼 예가체프는 다른 커피들과는 조금 차이가 나는 특별한 향미를 가지고 있다.

커피 생두를 볶아 커피를 추출하여 마실 수 있는 상태인 커피 원두로 만드는 과정을 로스팅이라 한다. 옥수수를 볶을 때 팍 하고 터지며 팝콘이 되듯 생두를 로스팅기에 넣어 볶다 보면 타닥타닥 하며 소리를 내는데 이를 1차 팝핑Popping이라 한다. 그리고 이 소리가 잠잠해지고 좀더 열을 가하면 또 다시 그런 소리를 내게 되는데 이를 2차 팝핑이라 한다. 2차 팝핑이 지나 시간이 많이 흐르면 커피 원두가 탈 수 있어서 로스터들은 적당한 시간에 로스팅을 끝내게 된다.

로스터들은 생두를 볶기 전 생두의 종류나 특성 등 여러 변수에 따라 볶음의 정도를 미리 정하는데 1차 팝핑이 끝나고 로스팅을 끝내는 경우도 있고, 2차 팝핑이 지난 후 원두가 까만색이 될 때까지 볶는 경우도 있다. 볶음의 정도는 로스터들 마다 차이가 있다.

이렇게 볶아진 원두는 볶음 정도에 따라 로스팅의 단계를 8단계로 나누는데 우리가 원두를 구매할 때 쉽게 접할

에티오피아 모카 예가체프는 다른 커피들과 차이가 나는 특별한 향미를 가지고 있다. 구수한 곡물의 맛과 오렌지의 상큼한 신맛이 일품인 맛있는 차를 마시는 기분.

수 있는 용어이기도 하다. 이 단계의 구별은 나라에 따라 약간 차이가 있지만 여기에는 현재 우리나라에서 쓰고 있는 단계를 나열해 보겠다.

라이트, 시나몬, 미디엄, 하이, 시티, 풀시티, 프렌치, 이탈리안. 라이트는 너무 약하게 볶인 상태이므로 커피를 추출해 마시기에는 좀 어려운 단계이고, 이탈리안은 거의 흑색에 가깝고 표면에 오일이 반들반들하게 보일 정도로 볶여 있는 상태이다. 개인적인 성향일 수도 있지만 예가체프는 하이와 시티의 중간 정도로 볶인 커피에서 더욱 개성 있는 맛을 즐길 수 있다. 이 커피를 마시면 언제나 구수한 곡물의 맛과 오렌지의 상큼한 신맛이 일품인, 맛있는 차를 마시는 기분이 든다.

90년대부터 이어온 테크노와 전자사운드가 강세였던 시절, 피아노 반주에 맞추어 차분하고 편안한 목소리로 노래하는 여인이 있었다. 그녀는 2002년 제45회 그래미 시상식에서 5개 부문을 석권한 노라 존스이다. 그녀가 꾸밈없는 청아한 목소리로 부르는 노래는 신선한 이미지로 다가 왔고, 재즈의 명가 블루노트 레이블에서 발표한 데뷔앨범 'Come away with me'는 빌보드 앨범 차트 정상에 올랐다. 이 앨범은 팝과 재즈적인 요소가 가미된 편안함이 느껴지는 앨범이다. 주드 로와 함께 연기한 왕가위 감독의 영화 『마이 블루베리 나이츠』에서 그녀의 또 다른 매력을 발견하기도 했다. 커다란 눈망울 속에 비춰진 동양적인 아름다움은 그녀의 목소리와 함께 더욱더 순수한 이미지를 발했다.

그녀의 앨범 'Feels like home' 중에서 그녀가 따스하고 포근하게 부르는 'Those sweet words'는 여성스럽고 사랑스러운 향미를 가진 에티오피아 모카 예가체프를 떠오르게 한다.

화사한 꽃밭에서 맞는 상쾌한 아침

파나마 게이샤

⋮

『라크메』
꽃의 이중창

예전에 한 친구가 아침에 눈을 뜨면 온 몸에 힘찬 기운이 쫙 뻗친다는 말을 한 적이 있다. 자리에 누워 '오늘은 이 넘치는 기운을 어디에 쓸까?' 생각하고 자리에서 일어난다고 한다. 사람이 건강하면 저런 말도 하는구나, 라는 생각에 한동안 운동을 열심히 했었다. 그 결과 짧게나마 그와 비슷한 느낌을 받았지만, 늦게 잠드는 습관 때문에 쉬운 일은 아니었다.

그 대신 기운 뻗치는 아침은 아니어도 상쾌한 아침을 맞이하는 마음으로 나는 습관처럼 커피를 마신다. 의학적으로 커피가 몸에 어떤 영향을 미치는지는 모르겠지만, 정성껏 내린 향 좋은 커피를 마시면 마음이 여유로워지며 머리가 맑아지는 기분이 들어 부드럽게 하루를 시작하게 된다. 파나마 게이샤는 아침에 하루의 문을 여는 마음으로 마시기에 아주 좋은 커피다.

꽃의 향기와 함께 전해지는 재스민 향이 남은 잠을 보내고 평화로운 아침을 열어 준다. 여기에 꽃의 향이 전해지는 아름다운 아리아가 더해지면 '상쾌한 아침이다' 라는 말이 절로 나온다. 꽃에다 꽃말을 붙여 주듯 커피에도 커피 말을 만들어 준다면 나는 이렇게 붙여주고 싶다. '상쾌한 아침'

꽃의 향이 가득한 아리아 '꽃의 이중창Dome epais le jasmin' 은 프랑스의 작곡가 들리브Delibes의 오페라 『라크메Lakme』에서 나온 아리아이다. 이 오페라는 19세기 인도를 배경으로 하고 있다. 당시 인도에는 카스트라는 신분 제도가 있었는데 그중 가장 높은 계급이 브라만이었고, 여기에 속하는 사람들은 승려들이었다.

라크메는 브라만 계급인 승려의 딸이었다. 어느 날 사원에서 라크메는 제럴드라는 영국 장교를 만나게 된다. 사실 그 사원은 외부인들이 함부로 들어가서는 안 되는 곳이었는데 제럴드와 그의 일행은 호기심으로 그 사원에 들어가게 되었다. 일행을 먼저 보내고 혼자 남아 있던 제럴드는 우연히 라크메를 만나게 되고, 그녀의 아름다움에 빠지게 된다.

라크메 또한 순식간에 제럴드에게 마음을 빼앗겨 두 사람은 누가 먼저라고 할 것도 없이 사랑하게 된다. 그때 라크메의 아버지는 영국인들이 사원에 들어왔었다는 사실을 알게 되고, 몹시 불쾌하게 생각하여 사원에 들어왔던 자들을 잡아 죽이겠다는 결심을 한다. 그는 라크메를 시장으로 데리고 가서 노래를 부르도록 시킨다. 그렇게 하면 사원에 왔던 자들이 라크메에게 다가올 것이라고 생각한 것이다. 그의 예상대로 나타난 제럴드를 발견하고 칼로 찌르는데, 제럴드는 다행히 큰 상처는 입지 않는다. 라크메는 하인과 함께 제럴드를 은밀한 곳으로 데리고 가서 상처를 치료해 주면서 행복한 미래를 꿈꾼다.

라크메가 잠시 외출한 사이 제럴드의 친구가 나타나 영국 장교의 신분으로 그의 본분을 잊어서는 안 된다고 충고하자 제럴드는 친구의 말을 따르겠다고 약속한다. 제럴드의 마음이 변한 것을 알게 된 라크메는 절망하며 독초를 먹

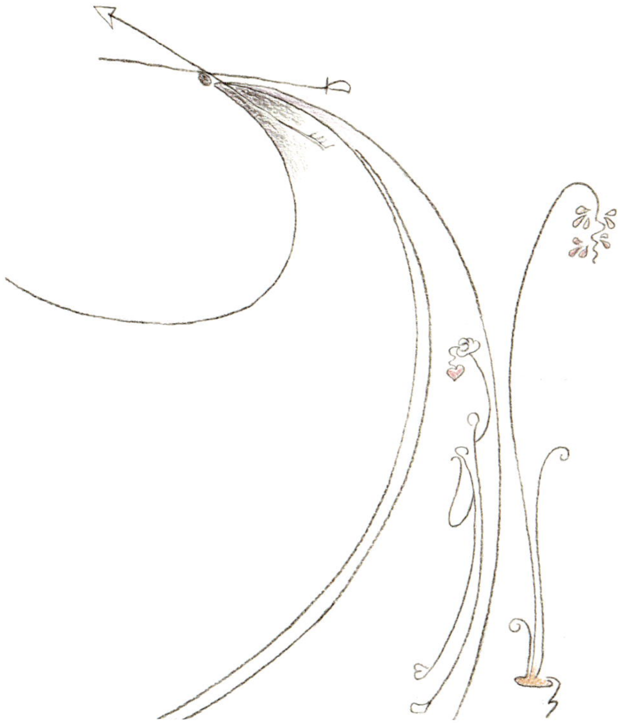

꽃에다 꽃말을 붙여주듯 커피에도 커피 말을 만들어 준다면 이렇게 붙여주고 싶다. '상쾌한 아침'
재스민과 장미가 커피잔에서 활짝 피어나듯 신선한 꽃 향기가 퍼지는……

고 숨을 거둔다. 제럴드는 후회하지만 이미 때는 늦어버린 것이다.

이 오페라의 결말은 슬프지만, 아름답고 신비로운 선율의 아리아 때문에 슬픈 결말보다는 그들이 만나고 사랑을 나누는 예쁜 꽃들로 가득 했던 배경이 먼저 연상된다.

파나마 게이샤는 어떤 원두보다도 향이 풍부하고 강하다. 사실 이렇게 좋은 향미를 가진 커피라면 아침뿐 아니라 하루 중 언제라도 환영이다.

잠시 여기에서 게이샤를 언급해볼 필요가 있겠다.

포도 품종으로 카베르네 소비뇽, 피노 누아, 샤르도네 등 다양하게 있듯이 커피도 품종이 다양하게 있다. 커피는 우선 크게 아라비카종과 로부스타종으로 나눌 수 있다. 아라비카 품종으로는 버본, 타이피카, 카투라, 카투아이 등이 있는데 게이샤도 이런 품종 중의 하나이다. 우리가 알고 있는 게이샤와는 아무런 관계가 없다.

이 커피의 매력 중 하나는 신선한 과일의 신맛과 적절한 단맛이 절묘하게 만들어 내는 조화이다. 화이트와인이나 샴페인을 마신 듯 입안이 개운하여 식욕을 돋우는 역할까지 해주기 때문에 음식을 먹고 난 뒤 여유롭게 마시는 커피가 아니라 에피타이저로도 좋다.

무엇보다 향기가 압권이다. 재스민과 장미가 커피 잔에서 활짝 피어나듯 신선한 꽃향기를 가졌다.

오페라 『라크메』의 배경이 되는 사원은 재스민과 장미, 그리고 온갖 꽃들이 화사하게 피어 있는 곳이다. 주인공 라크메가 하녀와 함께 사원에서 배를 타고 가며 주위의 아름다운 경치를 노래한 아리아 '꽃의 이중창'을 파나마 게이샤 커피와 함께하면, 꽃이 가득한 아름다운 정원을 산책하는 상쾌한 기분이 들 것이다.

여행을 떠나요

에티오피아 모카 시다모

⋮

『비포 선라이즈』

Come here

커피의 기원과 관련한 몇 가지 이야기 중 널리 알려진 이야기가 에티오피아의 양치기 소년 칼디일 것이다. 양치기 소년 칼디는 빨간 열매를 먹은 양들이 기분 좋게 춤추고 있는 모습을 발견하고 자신도 먹어본다. 이렇게 기분이 좋아지는 열매 커피를 발견하게 되었다는 이야기. 양들이 먹고 그렇게 춤을 추고 즐거워했다면 그 커피가 에티오피아 모카 시다모가 아니었을까 하고 생각해 본적이 있다.

시다모는 내가 드립 커피에 관심을 가지고 처음으로 커피의 매력에 빠졌던 커피이다. 커피를 추출할 때 흘러나오는 꽃향기에 모든 것을 잊고 온 마음을 빼앗기게 되는 그런 커피였다. 그 매력에 빠져 한동안 맛있는 시다모만 찾아다니며 마셨던 기억이 있다.

커피 시다모는 부드러운 첫 맛이 입안 전체에 끝까지 남아 있고, 그 향의 여운이 마음을 편하게 하여 한 잔 더 마시고 싶게 하는 매력을 가졌다. 입안에 풍성하게 퍼지는 향 때문인지 언제나 향이 풍부한 샴페인을 연상시키곤 했다.

여럿이 모이는 파티라면 샴페인이 좋겠지만 혼자서 자축하거나 기분을 up시키는 음료가 필요하다면 권해주고 싶은 커피이다. 마치 여행처럼 기분을 들뜨게 하고, 흥분시키는 커피라고 할까? 시다모를 마시면 여행을 떠나고 싶은 마음이 생기곤 한다.

여행은 언제나 마음을 설레게 한다. 여행을 떠나기 전에는 새로운 곳에 대한 동경과 여행지에서 만날 사람들과 만들어갈 추억으로 가슴이 설렌다. 그러나 여럿이 함께하는 여행이라면 그냥 새로운 풍경과 맛있는 음식을 즐길 수는 있지만 낯선 타지에서 일어날 수 있는 새로운 만남은 기대하기 힘들 것이다. 그렇다고 혼자 떠나는 여행을 예찬하는 것은 아니다. 그저 혼자 떠나는 여행에서 경험 할 수 있는 또 다른 여행의 맛을 말하는 것이다.

아주 오래 전 혼자 유럽 여행을 떠난 적이 있었다. 누구나 그렇듯이 여행지의 정보를 수집하여 수첩에 가득 메모한 다음 들뜬 마음으로 출발했다. 기차로 몇몇 도시를 돌아다니며 맛있는 곳을 찾아 식사를 하고, 한 손에 커다란 커피잔을 들고 목적지도 없이 걷고 싶은 거리들을 마냥 걸어 보기도 하고, 거리에서 우연히 만난 사람과 하루를 함께하면서 생각을 나눠 보기도 하면서 즐겁게 여행을 했다.

인적이 뜸한 이른 아침 기차 플랫폼에서 음악을 들으며 무료함을 견디고 있을 때, 저쪽에서 일본인으로 보이는 두 학생이 도란도란 이야기를 나누며 오는 모습이 하도 정겨워 약간 부럽기는 했지만 그 약간의 외로움까지도 즐겨 보려고 노력했던 기억이 있다.

여행의 즐거움에 빠져 한참을 보내던 어느 날, 그날은 왜인지 조금 외로움이 느껴졌었다. 한적한 기차에 올라타 창가에 자리 잡고 앉아 물끄러미 창밖을 바라보고 있었는데 발밑에 무언가가 밟히는 느낌이 들었다. 무심코 내려다보니 거기에 쓰다만 엽서가 한 장 있었다. 집어든 엽서에는 볼펜으로 그린 미소 짓는 얼굴 삽화와 함께 한국어로 한 문

커피를 추출할 때 흘러나오는 꽃향기에 온 마음을 빼앗기게 되는 커피. 이 커피는 여행에서 느낄 수 있는 흥분과 행복을 그대로 담아 있다.

장이 적혀 있었다. "아 심심해 !" 그 엽서를 들여다보며 한참을 웃었다. 어디선가 나 같은 여행객이 또 있었구나 하는 생각에 외로움도 잠시 잊게 되었다.

혼자 다니는 여행의 또 다른 매력은 감성이 풍부해지고 바쁜 일상에서 만나기 어려운 자신을 좀더 잘 볼 수 있는 기회를 가지게 된다는 것이다. 이것이 혼자 다니는 여행의 매력일 것이다.

당장이라도 짐을 꾸려 여행을 떠나고 싶게 만드는 영화 『비포 선라이즈』. 혼자 떠나는 여행이라면 누구에게도 일어날 수 있을 것 같은, 아니 일어나기를 기대하는 그런 근사한 만남을 영화에서 보여 주고 있어 더욱 사랑을 받았던 영화라는 생각이 든다. 유럽의 한적한 기차에서 누구라도 끌릴만한 멋진 남녀가 만나서 만들어 내는 로맨스라면 누구나 한번쯤 꿈꿔온 이야기가 될 것이다.

영화에 나오는 비엔나의 거리며 풍경은 여행의 즐거움에 흠씬 빠져들게 하는 모습이었고, 그 속에 흐르는 음악은 보는 이로 하여금 영화 속으로 끌어들이는 힘이 있었다. 특히 두 사람이 레코드 가게에서 LP로 들었던 Kath Bloom의 'Come here'는 여행자의 마음을 따뜻하게 달래주듯 특별한 기교 없이 평온하고 부드러워 더욱 마음에 드는 곡이었다.

시다모는 화사한 향으로 마음을 설레게 해주며 마실수록 감겨오는 깔끔한 맛과 고소함으로 미소를 짓게 하는 커피이다. 그렇게 이 커피는 여행에서 느낄 수 있는 흥분과 행복을 그대로 닮아 있다.

비엔나의 근사한 풍경과 여유롭고 한적한 여행을 떠오르게 하는 Kath Bloom의 'Come here'를 들으며 함께 마시는 시다모는 잠시 일상을 잊고 떠나는 여행만큼 근사한 행복을 맛보게 할 것이다.

깊은 숲의 향기

페루 쿠스코

⋮

『가을의 전설』
The ludlows, 엘큰도 파사

우리는 모두 나름의 휴식처를 가지고 있다. 눈을 편안히 감고 '내가 쉬고 싶으면 어디로 가야 하지' 하고 자신에게 물었을 때 머릿속에 파노라마처럼 펼쳐지는 그곳. 때론 그곳이 가족이 있는 집일 수도 있고, 지난 여름 즐거웠던 바닷가일 수도 있겠지만 나는 가끔 숲을 떠올린다.

숲은 그곳에 있을 때는 물론, 다시 일상생활로 돌아왔을 때에도 긴 호흡으로 힘을 불어넣어준다. 이왕이면 공원의 작은 숲이 아니라 넓은 자연과 함께한 숲이라면 더욱 좋겠다. 만약 그런 숲이 잘 떠오르지 않으면 가까운 곳이라도 여행을 가야 할 때가 된 것이다. 나에게는 이런 휴식을 위해 자연을 찾아가는 여행 같은 영화가 바로 『가을의 전설』이다.

『가을의 전설』은 시원하게 펼쳐진 대자연 위에 런던 심포니 오케스트라가 연주하는 웅장하고 서정적인 사운드가 환상적으로 울려퍼지는 영화이다.

루드로우가 형제들의 사랑과 가족애를 거대한 자연과 함께 아름다운 영상미로 잡아낸 에드워드 즈윅 감독의 연출력과 가슴 시린 선율로 목까지 차오르게 하는 감동을 선사한 제임스 오너의 음악이 조화를 이루었다.

제임스 오너는 중심선이 된 메인 멜로디를 영화의 감정선에 맞추어 편곡하여 여러 개의 테마곡을 만들어 냈다. 그 테마곡은 영화에 잘 스며들어 음악만으로도 배우들의 심정을 읽을 수 있을 것 같았다. 아버지 역을 맡은 안소니 홉킨스의 연기가 영화의 안정감을 주었고, 자연 그 자체에 동화되어 버린 듯 야성미 넘치는 브래드 피트의 연기는 영화의 매력을 최대로 끌어 올렸다. 지금 페루 쿠스코 커피를 마시며 이 영화가 떠올랐다. 내가 좋아하는 숲의 향이 담겨 있어서……

난 페루 쿠스코 커피를 좋아한다. 깊은 숲의 향이 느껴져서 좋고, 그 향이 잉카제국의 깊은 역사와 안데스의 아름다움에서 오는 것 같아 더욱 좋다. 어쩌면 그 역사와 안데스가 나에게 깊은 숲의 향을 선물하는지도 모르겠다.

커피를 마실 때마다 깊이 감추어 둔 비밀스러운 맛을 더 간직하고 있는 것 같아 이 커피를 로스팅할 때마다, 그리고 핸드 드립으로 추출할 때마다 긴장되고 조심하게 된다. 그 매력에 빠져 오랜 시간 이 커피와 많은 시간을 보내며 깊은 풍미를 어떻게든 더 끄집어내려고 공을 들여 보곤 했다. 로스팅할 때에는 원두 깊은 곳에서 겉표면까지 균일한 열량으로 최적의 로스팅 시간을 찾아내려 노력했고, 핸드 드립을 할 때에도 다양한 드리퍼를 사용하여 뜸 시간, 분쇄도, 물 온도 등의 다양한 변수를 바꾸어가며 온갖 노력을 다하였다.

페루 쿠스코 커피를 추출할 때에는 다른 커피에 비해 뜸 시간을 길게 준다. 마치 커피에게 생각할 시간이라도 주는 사람처럼 난 기다린다. 페루 쿠스코 커피는 애플티를 마실 때 느껴지는 상큼한 신맛과 그 신맛에 가장 적당한 단맛이 균형을 이루고, 깊은 숲에서 만나는 향기와 보드라운 바디

페루 쿠스코 커피는 애플티를 마실 때 느껴지는 상큼한 신맛과 적당한 단맛이 균형을 이루고 깊은 숲에서 전해 오는 신선한 향기를 만나게 한다.

감이 전해진다. 조금 식은 뒤에도 맛에 변함이 없어 편안히 오래 마셔도 좋다. 치즈 케이크와 함께 한다면 서로를 도와주는 맛의 조화를 느낄 수 있을 것이다.

한 나라의 문화와 역사를 체험하고 즐기는 방법에는 여러 가지가 있겠지만 그 나라의 커피를 마시고 즐기는 것 또한 멋진 체험이 되리라. 우리가 접하는 다양한 커피 속에는 그 나라의 기후와 토양 등의 특성에 따라 제각기 독특한 맛이 있고, 또 그 커피에는 땀 흘려 커피나무를 키우는 농부의 정성이 배어 있기 때문이다. 그리고 각 나라마다 젊은 세대들이 즐기는 대중음악은 따로 있겠지만 그 나라를 대표하는 음악은 바로 민요이다.

민요에는 그 민족의 역사와 고난, 환경과 배경이 스며들어 있기에 우리는 민요를 들으며 그 민족의 보편적인 정서를 느끼기도 한다. 이탈리아의 '산타 루치아', 아일랜드의 '대니 보이' 나 우리의 '아리랑'처럼 말이다.

커피를 키우는 농부의 정서에도 배어 있을 민요를 들으며 커피를 마신다면 우린 가장 쉽게 그곳으로 여행을 다녀온 것이다.

페루의 민요 '엘콘도 파사'를 들으며 페루의 흙에서 뿌리

내려 자란 페루 쿠스코 커피를 마시는 건 이국적인 향과 함께 세상의 배꼽이라는 의미를 가진 신비하고 화려했던 잉카제국의 수도 쿠스코로, 마추픽추로 여행을 떠나는 기분이 들 것이다. 그리고 잉카인들이 봉인해 놓은 타임캡슐을 열어 그 시절의 향미를 그대로 갖고 있는 커피를 만나게 해줄 것이다. 또 자연의 선율을 그대로 담아 놓은 『가을의 전설』 테마곡 'The ludlows'를 들으며 이 커피를 마시면 숲의 향을 만끽할 수 있을 것이고 대자연의 숲으로 짧은 여행을 떠나게 해줄 것이다.

Part 3

달콤한 리듬에 풍부한 향미

자메이카 블루 마운틴 … 알비노니 아다지오 G단조

동티모르 … Cinema paradiso, Toto & Alfredo

코스타리카 따라주 SHB … Shall we dance

르완다 버번 … Colors of the wind

도미니카 산토 도밍고 AA … 그리그 솔베이지 송

더치 커피 … 바흐 골드베르크 변주곡 중 아리아

아이리시 커피 … If you want me

카페 라떼 … 브람스 교향곡 3번 3악장

에스프레소 … 비탈리 샤콘느 G단조

카푸치노 … Slave to love

첼로 선율을 타고 흐르는 평온함

자메이카 블루 마운틴

⋮

알비노니

아다지오 G단조

아주 오랜 시간 음악은 우리 곁에서 항상 친구처럼 위로해주었다. 기쁘면 기쁜 대로 슬프면 슬픈 대로 그렇게 음악은 우리와 함께 했다. 그런데 일상적인 장소가 아닌 전쟁터에서는 어땠을까? 그곳에서도 음악은 사람들 곁에 있었다. 그 어느 때보다 두려운 시간을 보내야만 하는 사람들. 오히려 그곳에 음악이 더욱 필요했을 것이다. 우리는 그저 영화에서나 볼 수 있는 장면이지만, 실제 그곳에 있던 사람들은 평상시에는 접할 수 없는 극한의 공포와 추위, 그리고 배고픔에 시달려야 했을 것이다.

옛날 한나라 유방과 초나라의 항우는 수년간에 걸쳐 전쟁을 치르고 있었다. 전쟁 초기에는 항우가 우세했지만 시간이 흐를수록 인재를 잘 등용하고 활용한 유방이 점차 앞서게 되었다. 결국 항우의 군대는 유방의 군대에 포위당했고 전세가 역전되었다. 그러던 어느 날 항우는 유방의 군대 쪽에서 들려오는 초나라의 노래를 듣게 되었다. 그 노래는 유방에게 투항한 초나라 병사들이 부르는 노래였다. 지치고 힘든 전쟁 중에 들려오는 그 노래에 초나라 병사들의 사기는 더욱 떨어졌고, 결국 유방에게 항우는 패하게 되었다. 이 이야기는 고사성어 사면초가四面楚歌의 유래로도 유명하다. 유방이 전술로 초나라의 노래를 흘려보냈을 때 초나라 병사들의 마음은 어땠을까?

이처럼 혹독한 환경에 지칠 대로 지친 사람들의 가슴에 꽃처럼 피어났던 음악들이 있다.

1941년 2차 세계대전 중이었던 독일은 유고슬라비아의 수도 베오그라드를 점령하였고, 그곳에서 방송을 시작했다. 방송국에서는 우연히 2년 전에 발표되었던 '릴리 마를렌Lili Marleen'이라는 곡을 내보냈는데, 그 곡이 그토록 뜨거운 반응을 일으킬 줄이야…… 방송은 유럽은 물론 러시아, 북아프리카까지 퍼져나갔고, 수많은 병사들이 순식간에 그 곡의 매력에 빠져들었다. 그 곡을 부른 랄레 안데르센Lale Andersen은 한 순간에 일약 스타가 되었다.

처음에는 독일군 사이에서 유행했지만, 곧 연합군도 이 곡을 흥얼거리기 시작했다. 방송국에서는 매일 밤 같은 시간 이 곡을 내보냈고, 그 시간이 되면 독일군과 연합군이 함께 이 곡을 들었다고 한다. 한 여인이 부른 노래가 참혹한 전쟁터에서 잠시나마 아군과 적군의 구별 없이 모두 고향으로 데려간 것이다.

이 곡의 가사는 한 병사가 고향에 두고 온 사랑하는 여인을 그리워하는 내용을 담고 있다. 이 곡이 싸늘한 전장에 울려 퍼졌을 때 병사들은 총칼을 들고 적을 사살해야 하는 군인이 아닌 누군가의 아들, 아버지, 친구, 그리고 연인으로 돌아올 수 있었을 것이다. 그리고 이 노래를 따라 부르며 하루라도 빨리 이 지긋지긋한 전쟁이 끝나 사랑하는 사람의 품으로 돌아가고 싶은 심정이었을 것이다.

한 곡 더 얘기하면 전 세계를 감동시키고 눈물 흘리게 했던 지상에서 가장 아름다웠던 곡 '알비노니·아다지오 G 단조'.

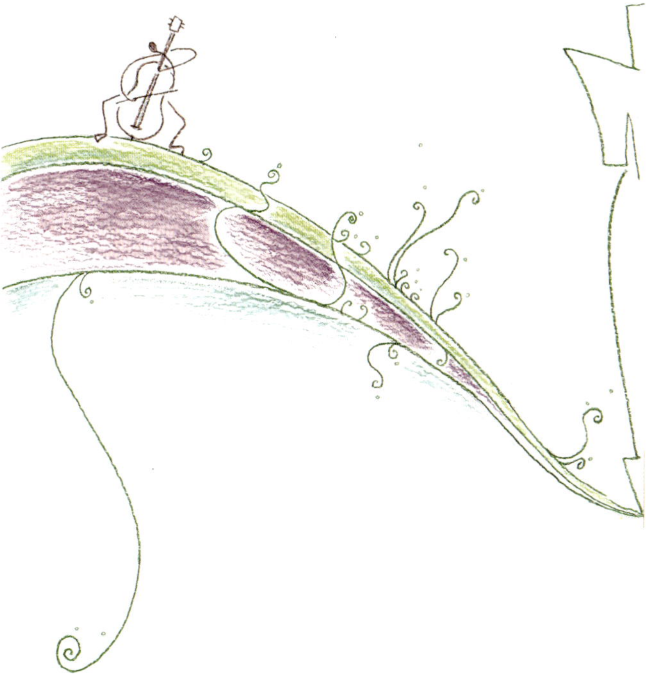

오랜 시간 최고의 찬사를 받아온 자메이카 블루 마운틴, 어느 것 하나 강하게 뽐내지도 숨어 있지도 않은 평화로운 맛으로 첼로의 선율처럼 풍부하면서 감미롭다.

1992년 보스니아 내전 당시, 수도 사라예보는 전쟁터와 같은 곳이었고, 많은 사상자들이 생겨나고 있었다. 어느 날 사라예보에서 빵을 사려고 줄 서 있던 시민들에게 포탄이 떨어져 22명이 목숨을 잃는 일이 발생했다. 이런 처참한 상황을 깊은 슬픔으로 지켜보던 한 첼리스트가 있었다. 그 첼리스트는 살벌하고 무서웠던 그 장소로 천천히 나아가 포탄이 떨어졌던 바로 옆에 자리 잡고 연주를 시작했다. 곡명은 '알비노니·아다지오 G단조'. 그는 첼리스트 베드란 스마일로비치였으며, 연주는 22일 동안 계속되었다. 생명을 잃은 사람의 영혼과 남은 사람들의 슬픔을 위로해 주고, 나아가 가장 아름다운 소리로 평화를 외치고 있었다.

이렇게 전쟁터에 울려 퍼졌던 곡들은 한나라 유방의 전술에 의해 불러진 음악도 있었고, 평화를 위해 연주하는 사람도 있었지만 그 어떤 이유와 목적을 가지고 있든지 음악은 따뜻한 손길로 모든 이의 깊은 상처를 쓰다듬고 있었을 것이다

자메이카 블루 마운틴을 마셔보면 시고 달고 쓴 어떤 맛을 논하기 전에 그저 편안함이 입안에 먼저 머무는 느낌이다. 어느 것 하나 강하게 뽐내지도, 숨어 있지도 않은 평화

로운 맛. 첼로의 선율처럼 풍부하면서도 감미로운 맛. 이 커피는 진한 과일 향과 마실수록 고소한 너트의 맛이 입안에 가득 찬다. 오랜 시간 최고의 찬사를 받아온 커피답게 모든 것이 중용을 이룬 편안함이 있어 더욱 매력적이다. 자메이카 블루 마운틴 한 잔과 '알비노니 · 아다지오 G단조'를 함께 곁들이면 얼어붙은 마음도 스르르 녹아내리게 할 것이다.

아련한 추억의 향기

동티모르

⋮

『시네마 천국』

Cinema paradiso, Toto & Alfredo

우린 누구나 행복한 미소를 떠오르게 하는 어린 시절의 추억을 가지고 있다. 살면서 힘든 일이 있을 때마다 그때를 떠올리면서 다시 한 번 힘을 얻는 동화 같은 어린 시절. 커피 동티모르는 이렇게 어린 시절을 떠올리게 하는 깊은 향수를 가지고 있는 커피다.

예전에 내가 살던 집 앞에는 작은 공터가 있었다. 이곳에서 친구들과 뛰어 놀기도 하고 할머니께서 만들어 주신 연을 날리기도 하며 즐거운 시간을 보냈다. 또한 명절이 되면 동네 어른들이 모여 장작불을 지피고 둘러 앉아 윷놀이도

하였고, 어느 날에는 큰 기름 가마에 다시마를 튀겨 동네 사람들에게 싸게 나누어 팔기도 했던 동네 공동 휴식처 같은 장소였다. 우리 집의 작은 마당은 허름했지만 꽃과 호박이 심어져 있어 나름 포근한 풍경을 가진 공간이었다. 여름이 되면 우리 가족은 마당에 있는 평상에 누워 별을 보며 도란도란 이야기를 나누곤 했다. 옛날이야기를 좋아했던 나는 늘 할머니를 졸라 이야기 한 편을 꼭 듣고야 말았는데, 할머니께서는 어린 손자에게 살면서 들어온 온갖 이야기를 들려주시곤 하셨다. 할머니의 이야기는 스릴 넘치거나 짜릿하지는 않았지만 어린 손자에게 가르쳐주고 싶은 교훈이 항상 담겨 있었다. 가끔은 시시하기도 했고, 지루하기도 했지만 재미없어 하는 마음을 들키면 다신 안 해 주실까봐 꾹 참고들은 이야기도 있었다. 가끔 보석처럼 반짝이며 재미있는 이야기도 있었기 때문에……

지금은 기억이 잘 나지 않지만 그때 할머니께서 들려주셨던 이야기 한 편을 해보겠다. 할머니가 알고 계시던 동네의 한 아주머니가 들려주신 이야기라고 하시면서 해주신 이야기이다.

이 아주머니는 어느 부잣집의 파출부로 매일 일을 나갔

다. 그 집에는 열 살쯤 되는 아들이 하나 있었다. 그 아이는 어릴 적부터 부족한 것 없이 자란 탓인지 무척 개구지고 말썽을 많이 피우는 아이였다. 무엇보다 아주머니를 힘들게 했던 것은 반찬 투정이었다. 마음에 드는 음식이 없으면 아예 밥상을 쳐다보지도 않았고, 그 당시 귀했던 불고기도 조금만 질기면 씹다가도 그냥 뱉어버리기 일쑤였다. 그럴 때면 "다시 차려와!"하며 있는 대로 소리를 지르곤 했다. 아주머니는 아이에게 밥상을 다시 차려주었고, 질기다고 먹다만 고기를 싸가지고 와 아주머니의 아이들에게 먹이곤 했다. 그리고 너무 맛있게 그 고기를 먹는 아이들을 보면서 무척이나 미안한 마음이 들었다. 아무튼 주인 부부의 까다로운 성격도 힘들었지만, 버릇없고 투정만 부리는 주인집 아들 때문에 너무 힘들어 몇 번이고 그만두려고 했지만 집안 형편상 그럴 수도 없었다.

그렇게 2년이 흐른 뒤 그 집에 큰일이 닥쳤다. 그 집에서 운영하던 회사가 부도가 나 그 가족은 많은 빚을 지고 길거리에 나앉게 된 것이다. 물론 아주머니도 그 집 일을 그만두게 되었고 한동안 새로운 일자리를 못 찾아 힘들게 생활을 했었다.

다시 1년이 흐른 뒤 아주머니는 겨우 일자리를 찾아 어렵지만 그럭저럭 살림을 꾸려가고 있었다. 길도 잘 보이지 않을 만큼 흰 눈이 펑펑 쏟아지는 어느 겨울, 집으로 돌아가던 아주머니는 멀리서 걸어오는 두 사람이 눈에 익어 자세히 쳐다보니 바로 그 주인집 여자와 투정쟁이 아들이었다. 안쓰러운 마음이 들어 몇 번이고 거절하는 주인집 여자를 집으로 데리고 왔다. 단지 따뜻한 밥 한 그릇을 대접하고 싶어서…… 아주머니는 먹던 반찬 몇 가지와 국을 따뜻하게 데워 상을 차려주었다. 그리고 아주머니는 자기도 모르게 아이의 눈치를 살피게 되었다. 그때 밥 한 그릇을 다 비운 아이가 아주머니에게 나지막하게 말을 건네었다. "잘 먹었습니다. 고맙습니다." 이때 처음으로 아주머니는 아이에게 감사의 인사를 받았다. 친정 집 엄마처럼 몇 가지 반찬을 여자에게 싸주었고 두 사람은 몇 번이고 감사하다는 말을 남기고 돌아갔다.

이야기는 여기까지이다. 이후 할머니는 내가 조금이라도 반찬 투정을 부리면 이 이야기를 무기로 들고 나오셨다. 어린 시절 할머니는 나에게 영화 『시네마 천국』의 알프레도 같은 존재셨다.

지금까지 많은 영화를 봐왔지만 마음이 흠뻑 젖을 만큼 깊게 남는 영화는 그리 많지 않다. 『시네마 천국』은 엔니오 모리코네의 영화 음악 몇 마디만 들어도 그 장면들이 생생하게 떠오르고, 어린 시절을 추억하게 만든다.

토토의 고향에는 가난하지만 따뜻한 마음과 유머가 있는 사람들이 살고 있었다. 마을에는 하루 일과가 끝나면 습관처럼 모여 휴식을 취하는 광장이 하나 있었는데 이 광장 옆에는 시네마 파라디소라는 오래된 영화관이 있었다. 이 영화관에서 영화를 보며 마을 사람들은 영화와 함께 울고 웃으며 고단한 삶의 위로를 받곤 했다.

토토는 아버지 없이 어려운 가정에서 살고 있었지만 늘 씩씩하고 유쾌한 소년이었다. 알프레도는 아버지처럼, 때로는 친구처럼 토토의 인생 진로나 사랑에 대한 상담을 해준다. 영화에서는 할아버지와 손자 같은 두 사람의 우정을 따스하게 그려낸다.

영화 전체에 흐르던 엔니오 모리꼬네의 음악들은 영화의 장면 장면과 함께 마음속 깊이 파고든다. 영화 음악은 배우가 표현하는 감정의 선을 대신한다. 오프닝에서 애잔하게 울려 퍼지던 'Cinema paradiso'는 생활에 메마른 중년의

어린 시절 추억들을 아련히 떠오르게 하는 맛을 가진 동티모르, 넉넉한 향이 '토토'를 따라 행복했던 유년으로 가는 길을 열어준다.

토토를 순식간에 어린 시절의 추억으로 데려다 줄 듯 했고, 추억의 부스러기로 자리 잡고 있는 아픈 기억이나 슬픔을 어루만지며 퍼져 나오는 'Love theme'의 클라리넷 소리는 토토를 언제까지나 위로 하는 듯했다. 넉넉한 미소가 일품인 알프레도의 자전거를 얻어 타고 오는 어린 토토의 모습을 떠오르게 하는 곡 'Toto & Alfredo' 를 들으면 마음이 훈훈해지며 미소가 절로 지어진다.

그윽한 향이 담긴 동티모르 커피는 진하지만 부드러운 바디감이 느껴지며 피어나듯 전해지는 신맛과 단맛의 조화에 살며시 미소 짓게 된다.

차나 달콤한 음료들이 어떤 나무의 잎이나 열매에서 나오는 맛이라면 이 커피는 뿌리에서 나오는 깊이 있는 맛이라는 생각이 든다. 커피에는 어울리지 않지만 진국이라고 표현하고 싶은 구수함과 넉넉한 향이 아주 매력적이다.

옛날 할머니가 커피를 마실 때 맛이 어떠냐고 여쭈어 보면 어린 손자가 커피를 마시겠다고 떼를 쓸까봐 늘 한약 같다고 하시면서 미소 짓던 일이 떠오른다. 어린 시절의 추억들을 아련히 떠오르게 하는 맛을 가진 동티모르 커피는 그때 할머니가 마시고 계셨을 것 같은 커피이다.

엔니오 모리꼬네의 『시네마 천국』 배경음악 'Cinema paradiso', 'Toto & Alfredo'를 들으며 마시는 동티모르 커피는 토토가 30년 만에 고향에 돌아와 지난날들을 회상하듯 아름다웠던 어린 시절의 기억 속으로 데려다 줄 것이다.

입안에 울리는 댄스 리듬

코스타리카 따라주 SHB

⋮

『쉘 위 댄스』

Shall we dance

시간에 따라 춤의 형태도 다양하게 바뀌었지만, 춤은 원시시대부터 늘 있어 왔다. 그래서 나는 우리의 몸속에 항상 리듬이 흐르고 있다고 믿는다.

언젠가 친구들과 어울려 술 한 잔 기울이며 음악을 들을 때 춤을 한번도 추어 본적이 없다는 친구가 손발을 까딱거리고, 몸을 들썩거리는 것을 본적이 있다. 보기에는 좀 어색했지만 자기 나름대로 리듬을 타고 있었다. 우리가 음악을 들을 때 몸이 좌우로 움직인다거나 다리가 움찔거린다면 리듬을 타고 있기 때문이다.

자신의 몸속에 흐르는 리듬을 꺼내어 그 리듬에 몸을 맡겨 춤을 추는 것은 음식을 먹고 소화하는 것처럼 자연스러운 일이다. 어떤 장르의 음악이든 흥에 겨운 리듬에 몸을 실어 춤을 출 수 있다면 모든 스트레스를 펑 하고 시원하게 날려 버릴 수 있다. 커피가 대화의 창이 되어 주듯 가까운 이들과 함께 할 수 있는 춤이라면 서로를 이해하고 친해질 수 있는 최고의 도구가 되어 줄 것이다.

이런 대화의 도구가 되어줄 춤이라면 한번쯤 배워 보고 싶다. 그동안 보아온 몇 편의 영화는 내 안의 리듬을 꺼내어 춤을 배워 보고 싶은 충동을 일으키곤 했었다.

가장 먼저 『더티 댄싱』이 그랬다. 당시 인기 스타들과는 좀 색다른 매력으로 다가온 패트릭 스웨이지의 멋진 춤 솜씨가 일품인 영화다. 댄스를 소재로 한 영화들이 대부분 그렇듯이 『더티 댄싱』에도 멋진 춤 장면이 여러 번 나온다. 그러면 그들이 추었던 춤들을 따라 해 보고 싶은 마음으로 춤추는 내 모습을 상상하곤 했었다.

춤과 함께 사랑과 인생을 배워가는 영화 스토리도 재미있었지만, 수많은 삽입곡들이 귓가에서 떠나지 않았다. 한동안 이 영화의 사운드 트랙 앨범을 카세트테이프로 들었는데, 그 테이프가 늘어나도록 수없이 들은 기억이 있다. 사람마다 다르겠지만 'Be my baby' 나 'The time of my life' 를 들으면 난 아직도 몸이 들썩 거려진다.

그 다음은 『쉘 위 댄스』이다. 국내에서 1990년대 말 일본 영화가 개방되고 영화 『러브 레터』가 흥행에 성공을 거두었다. 물론 『러브 레터』 사운드 트랙도 높은 판매고를 올리며 뜨거운 반향을 일으켰다. 당시 일본 음악 시장에 관심이 많았던 나는 제2의 『러브 레터』를 찾게 되었는데, 이런 저런 자료를 뒤지다가 눈에 들어온 영화가 바로 『쉘 위 댄스』이다. 영화가 국내에 개봉되기 전이라서, 일본을 다녀오는 인편을 통해 비디오테이프를 구했다. 일본어도 잘 모르는 내가 한글 자막 없는 영화를 보면서 완전히 이해 될 때까지 여러 번 반복해서 보았다. 거의 암기 수준으로 말이다. 댄스 소재 영화이니만큼 다양한 음악들이 소개되었고, 난 그 음악에 매료 되었다. 당시엔 월급을 받는 입장이어서 그저 호기심으로 끝났지만, 이렇게 나와 각별한 인연을 맺게 된 영화가 되었다.

수오 마사유키 감독의 영화 『쉘 위 댄스』는 춤을 추고 싶게 만드는 영화다. 중년의 스기야마에게 손을 내밀어준 춤

입안에 퍼지는 코스타리카 따라주 SHB의 꽃향기는 마치 Shall we dance를 들으며 경쾌한 리듬으로 가볍게 추는 꽃의 스텝 같다.

이 나에게도 손을 내밀어줄 것 같은 그런 영화 말이다. 특히 오누키 타에코가 경쾌하게 부른 'Shall we dance'는 발끝에 리듬을 넣어주는 듯하였다. 그 후 『Fame 2009』의 삽입곡 'Fame'을 들을 때도 아직까지 난 춤을 추고 싶었다. 물론 잘 참았지만 말이다.

매일 같은 일상 속에 무엇 하나 새로울 것이 없는 중년의 남자 스기야마는 모든 것이 시들해졌다. 성실하고 평범한 삶을 살다가 어느덧 중년이 되어 지나간 시간을 돌아 봤을 때의 허탈감이라고 해야 할까…… 그런 중년의 스기야마에게 손을 내민 건 춤이었다. 이 영화는 주연배우들의 훌륭한 연기와 춤 솜씨에도 박수를 보내지만 화려한 조연들의 재치 있고 코믹한 연기가 있어 더욱 빛이 난다.

스기야마 역을 맡은 야쿠쇼 코지의 멋스러운 춤도 근사했지만, 무엇보다 여주인공 마이 역의 쿠사카리 다미요는 댄스 교습서에서 꺼내어 온 사진처럼 반듯하고 아름다운 자태를 보여주었다. 영화제작이 끝난 뒤 쿠사카리 다미요는 감독 수오 마사유키와 결혼을 하였다. 영화 속에서 그렇게 아름다운 자태가 표현 될 수 있었던 것은 사랑하는 여인을 바라보는 감독의 마음이 담겨 있어서였구나, 라는 생각을 해보았다.

화려한 조연 중에 가장 먼저 떠오르는 인물은 아오키 역을 맡은 타케나카 나오토였다. 약간의 오버와 특유의 진지함이 섞인 연기가 웃음을 자아내게 하였고, 익살스러운 춤사위와 재치 있는 모습은 영화의 볼거리 중 하나였다. 긴 가발을 쓰고, 강렬한 눈빛으로 진지하게 춤을 추는 그의 모습은 영화를 볼 때마다 늘 웃음을 쏟아내게 했다.

여름이 되면 여러 음반사에서 댄스앨범을 발매한다. 나도 음반사를 하면서 여름만 되면 고민을 하곤 했다. "여름인데 댄스앨범 하나 내야 하는 거 아니야!" 마치 여름 바캉스라도 준비하는 사람처럼 말이다. 음반 매장을 나가 보아도 여름엔 댄스앨범이 대세다. 여름휴가를 떠날 때 차 안에서, 또는 피서지에서 들으려고 댄스앨범 하나씩은 준비하나보다. 여름 해변을 가보아도 곳곳에서 댄스 음악을 들으며 춤을 추는 사람들을 볼 수 있다. 나 또한 여름이면 비교적 빠른 템포의 경쾌한 음악을 즐겨 듣는다. 계절마다 즐겨 먹는 음식이, 아니 우리 몸에서 그때마다 요구하는 음식이 다르듯 음악도 계절에 따라 즐겨 듣는 곡이 있는 게 당연할 것이다. 여름이 되면 몸속에 리듬도 빠른 템포로 바뀌어서 그런지 다른 계절보다는 춤에 대한 욕구가 더 강해진다.

코스타리카 따라주 SHB는 잘 익은 과일에서만 나올 수 있는 편한 신맛이 가득하고, 신맛의 바로 옆에 적절한 단맛이 함께 어우러져 있다. 가장 맑은 물과 원두가 만나 만들어진 커피처럼 맛이 선명하여 그 질감이 입안에 그대로 남아 있고 화사하게 핀 꽃들이 흐드러지는 듯한 꽃의 향기가 느껴진다. 꽃의 향과 그윽한 신맛이 지나간 다음에는 잔잔히 피어나는 고소함이 입안에 발자국처럼 남는다.

입안에 퍼지는 코스타리카 따라주 SHB의 꽃향기는 마치 경쾌한 리듬으로 가볍게 추는 춤의 스텝 같은 느낌이다.

여름이 되어 몸 속 리듬이 빠른 템포로 바뀌고, 생활의 활력소가 필요할 때 오누키 타에코의 'Shall we dance'를 들으며 경쾌한 스텝을 밟듯 마시는 커피…… 스트레스를 통쾌하게 날려 보낼 수 있을 것이다.

사람을 깨우는 자연의 힘

르완다 버번

『포카혼타스』
Colors of the wind

나른한 늦은 오후 처음 이 커피를 마실 때 고요한 적막을 깨고 경쾌하게 울려 퍼지는 행진곡을 듣는 것처럼 정신이 번쩍 들고 몸에 힘이 들어갔다. 가장 먹기 좋은 적절한 바디감은 기분을 편안하게 만들어주고, 상쾌한 신맛과 함께 전체적으로 입안이 화해지며 비타민을 먹은 것처럼 활력이 생긴다. 씁쌀한 맛을 감싸주는 부드러운 캐러멜의 맛이 오히려 끈적거림 없이 딱 부러지게 입안을 정리해주고 몇 모금이 지나면 서서히 입안에서 꽃향기가 피어난다. 다른 케이크나 쿠키 같은 간식거리를 생각할 겨를도 없이 커피에만 집중하게 되어 순식간에 한 잔을 비우게 된다.

우리는 종종 '커피 한 잔 마시고 정신 차려야지' 라는 말을 하곤 한다. 이런 심정으로 커피를 찾을 때에는 분명 커피 속의 카페인을 의식해서일 것이다. 그렇지만 르완다 버번은 카페인의 효과 이전에 그 맛과 향으로 사람을 깨우는 힘을 가지고 있다. 톡톡 터지는 향미로 사람을 깨우는 커피……

어느 여름 『포카혼타스』라는 월트 디즈니사의 애니메이션 한 편을 보았다. 이 영화는 실제로 있었던 일을 소재로 제작되었다고 한다. 영화는 1607년 신대륙 탐험을 나선 영국의 선장 존 스미스와 미국 버지니아에서 살고 있던 추장의 딸 포카혼타스와의 사랑을 아름다운 자연을 배경으로 그려내었다.

영화는 멋진 뮤지컬처럼 많은 음악들이 대자연의 아름다운 풍광과 어우러져 숨 쉴 틈 없이 영상 밖으로 쏟아졌다. 애니메이션 『인어공주』, 『미녀와 야수』, 『알라딘』에서 음악을 맡았던 앨런 멘켄Alan Menken이 『포카혼타스』 음악을 맡았다.

강과 호수, 정글 사이에서 자연의 일부처럼 살아가던 포

톡톡 터지는 향미로 사람을 깨우는 커피, 르완다 베번. 르완다 베번의 산뜻함은 그날 나를 때렸던 빗줄기처럼 신선하고 선명하였다.

카혼타스가 부른 'Colors of the wind'는 청량한 바람이 온몸을 스쳐 지나가듯, 시냇물에 살며시 발을 담갔을 때 전해지는 시원함처럼 자연 속으로 관객을 끌어들였다. 영화가 끝난 후에도 이 곡을 들으면 언제나 시원한 바람이 불어오는 것 같았다.

그 시절 나는 회사 일을 마치고 몇몇의 친구들과 어울린 적이 있었다. 피곤한 하루 일과에 조금은 지쳐 있는 상태였지만, 모두 넉넉한 미소가 있는 친구들이어서 부담 없이 일주일에 서너 번은 만나게 되었다. 우린 그다지 술을 좋아하지 않아 저녁을 먹고 나면 간단히 운동복으로 갈아 입고 아지트라 할 수 있는 한적한 산 중턱에 있는 농구장으로 올라갔다. 한적한 곳이지만 그래도 시멘트 바닥에 페인트칠까지 해놓은 잘 정돈된 농구장이었고, 앞이 확 트여 있어서 서울의 야경도 볼 수 있는 훌륭한 공간이었다.

우리가 그곳에 도착하면 보통 저녁 9시가 지나는데 이 시간이면 지나다니는 사람은 그리 많지 않았다. 우리처럼 농구를 좋아하는 몇몇 팀들이 오면 그들과 음료수를 걸고 시합을 하곤 했다. 어느 금요일인가 팀을 바꿔가며 시합을 한 적이 있는데 정신을 차려보니 동이 트는 것이었다. 한 친구가 어디서 닭 우는 소리를 들었다고 했고, 우린 서로 마주 보며 웃었던 기억이 있다. 한번은 근처에 있는 절에서 온 스님들과 함께 시합을 한 기억도 있다. 복장이 좀 불편하셨을 텐데 무척 날렵했었다.

며칠이 지난 어느 비 오는 날이었다. 습관처럼 모여든 멤버들은 저녁을 먹은 뒤 하늘을 바라보며 비가 멈추기를 기다리고 있었다. 빗줄기는 점점 굵어져 멈출 기세를 보이지 않았지만 혹시나 하고 우린 그곳으로 올라가 보았다. 비 오는 캄캄한 밤의 산중턱에는 인기척이라고는 전혀 없었고, 비만 시원하게 농구장 바닥을 타닥타닥 때리고 있었다. 얼마의 시간이 흐른 뒤 우리 중 누가 먼저였는지는 모르겠지만 서로 마주보며 미소를 짓고 있었다. 그리고 누가 먼저라고 할 것도 없이 웃옷을 벗었다. 그리고 자연에 대한 예의로 최소한의 복장만 갖추어 입고 신발도 벗은 채 농구장으로 비를 맞으며 걸어갔다. 머리에 떨어지는 비가 몸을 타고 내려와 발가락 사이로 흘러내리는 것 같았다. 우린 한참을 뛰어다니며 농구를 했다. 살면서 그렇게 시원하다는 표현이 무척 어울린 적도 없었고, 자연과 그렇게 동화된 기분을 느껴 본적도 없었다.

서울의 야경을 내려다보다가 두 팔을 벌리며 살짝 눈을 감으니 폰카혼타스가 부른 'Colors of the wind'가 들리는 듯 했다. 그날 굵은 빗줄기를 온몸으로 맞으며, 시원하게 몰아치는 바람 속에서 한참을 서 있었다.

르완다 버번이 톡톡 입안을 자극하며 터트리는 산뜻함은 그날 나를 때렸던 빗줄기처럼 신선하고 선명하였다. 지금도 비가 오는 날이면 가끔 르완다 버번을 마시며 'Colors of the wind'를 듣곤 한다. 그럴 때면 그 시절의 즐거웠던 추억도 떠오르지만 자연과 내가 가장 가까워지는 기분이 들어 잠시 깊은 휴식을 얻곤 한다.

그리움이 스며드는 순수함

도미니카 산토 도밍고 AA

:

그리그

솔베이지 송

세계적으로 유명한 음반 박람회가 몇 개 있는데 그중 프랑스 깐느에서 열리는 미뎀MIDEM이라는 음반 박람회가 규모 면에서 가장 크다. 미뎀은 깐느 영화제가 열리는 장소에서 개최된다. 깐느는 세계적인 휴양도시답게 아름다운 해변과 해안가에 줄지어 서 있는 예쁜 건물과 카페들이 관광객의 마음을 사로잡는 곳이다.

박람회에는 세계 각국의 음반회사들과 작곡가, 연주자 등 음악과 관련된 사람들이 모여들고, 자신들의 음악을 소개하기 위에 부스를 열고 분주히 움직인다. 각 부스에서는 마치 올림픽 개막식에서나 볼 수 있는 진풍경이 펼쳐지는데 그건 바로 한 공간에 모여 있는 각국의 사람들 때문이다.

비록 국적은 달라도 음악으로 통하는 그 무엇 때문인지 몇 마디만 주고받으면 금방 친해질 수 있는 사람들이다. 음악이라는 특성 때문에 그곳에 모인 모든 이가 만족스러운 결과를 얻지 못하더라도 표정만은 즐거운 파티에 참석한 사람들처럼 행복해 보인다.

또한 이곳은 배정받은 부스를 자신의 국가나 음악을 잘 표현하도록 꾸며놓았기 때문에 몇 발자국만 옮겨도 전혀 다른 공간, 다른 나라에 와 있는 느낌이 들기도 한다. 남미의 정열과 낭만이 넘치는 공간, 아시아의 정서가 물씬 풍기는 공간, 북유럽의 아기자기함이 소곤거리는 공간 등등 입구에 들어서서 주위를 한번 둘러보는 것만으로도 가슴이 설레어지곤 한다.

사실 그 많은 나라의 수많은 음반들을 다 들어 본다는 것은 불가능하기 때문에 저마다 음악을 알리려고 분주히 노력한다. 어떤 이는 자기가 작곡하고 노래한 음반 한 장을 들고 소개하는가 하면, 복도의 한쪽에서는 자신의 음악을 연주하는 아티스트들이 있고, 어떤 이는 서로를 잊지 않으려는 듯 열심히 사진을 찍어 댄다.

인터넷이나 이메일로 자료를 주고받을 수도 있겠지만, 미뎀은 그동안 알고 지낸 사람들이 한 곳에 모여 안부를 묻고 서로의 음악에 관심을 가져 주는 장소이기에 더욱 매력이 있다. 그리고 그곳에서는 세계음악의 트렌드를 읽을 수도 있고, 다양한 월드 뮤직을 접해 볼 수도 있다. 꽤 여러 해 동안 찾은 덕인지 전시장을 돌아다니다 보면 종종 내 이름을 부르는 소리도 들을 수 있다.

"오랜만이야 이번에 네가 좋아할 만한 음반을 들고 왔어, 한번 들어 봐."

나는 내가 가진 앨범에 관심을 가져주는 북유럽 몇몇 나라의 부스를 자주 찾아가는 편이다. 그곳에서 우리 정서와 비슷한 음악을 자주 접한 경험이 있어서 가급적 많은 시간을 할애하고 미팅 약속도 잡는 편이었다. 특히 노르웨이 부스에서 만난 사람들은 무척 따뜻하고 친절했으며 그들의 마음이 담긴 음반을 소개받기도 했다.

저녁이 되면 깐느의 아름다운 해변으로 사람들이 몰려나온다. 나도 동료들과 함께 근사한 카페에 자리를 잡고 앉아 시간을 보내곤 했는데 여기에서도 많은 이들을 만나곤 한

어느 고즈넉한 저녁, 한가로이 시간을 보내고 싶을 때
머그잔에 가득 채워 천천히 마시고 싶은 순하고 편안한
커피, 도미니카 산토 도밍고 AA.

다. 지금도 가끔 미뎀으로 달려가 인사를 나누며 세계의 다양한 음악을 나누어 듣고 싶은 생각이 간절하다.

지금 마시고 있는 커피는 도미니카 산토 도밍고 AA이다. 미뎀에서 들을 수 있는 곡은 무수히 많지만 이 커피를 마시는 동안에는 전나무 숲을 떠오르게 하는, 정겨운 미소를 가진 노르웨이의 음악이 듣고 싶어진다.

페르귄트의 모음곡 중 '솔베이지 송'. 페르귄트의 모음곡은 노르웨이의 대문호 헨릭 입센의 희곡에 북구의 쇼팽이라 불리는 노르웨이의 유명한 작곡가 그리그가 곡을 붙여 만든 극음악이다.

늘 헛된 꿈을 꾸던 페르귄트는 자신을 사랑하는 솔베이지를 뒤로하고 더 나은 미래를 위해 여행을 떠난다. 페르귄트는 여러 나라를 여행하며 갖은 고초를 겪은 뒤 결국 가진 것 하나 없이 백발이 되어 병든 몸을 이끌고 솔베이지가 있는 숲 속 오두막으로 돌아온다. 한편 페르귄트를 사랑했던 솔베이지는 한결같이 페르귄트를 기다리고 있었다. 이제 솔베이지의 곁으로 돌아와 그녀의 사랑에 감동을 받은 페르귄트는 솔베이지의 곁에서 세상을 떠난다는 슬픈 이야기이다.

'솔베이지 송'은 언젠가 돌아올 페르귄트를 기다리며 솔베이지가 부르는 곡으로 솔베이지의 지고지순한 사랑을 느낄 수 있는 애잔한 멜로디가 인상적이다.

카리브 최대 커피 생산국인 도미니카 공화국의 커피 도미니카 산토 도밍고 AA는 롤리팝을 입안에서 굴리는 듯 부드럽고 편안하며 달콤한 맛을 가지고 있다. 약간의 상큼함과 카리브해의 깨끗한 바다 냄새가 전해지는 특유의 향과 연한 과일향이 스며든다. 어느 고즈넉한 저녁 한가로이 시간을 흘려보내고 싶을 때 큰 머그잔에 가득 채워 천천히 마시고 싶은 순하고 편안한 커피이다.

'솔베이지 송'에서 느껴지는 솔베이지의 기다림에 대한 순수한 마음과 도미니카 산토 도밍고 AA 커피를 블렌딩하면 그리움이 배어 있는 따스한 마음을 선물 받을 수 있을 것이다.

와인잔에 담긴 나른한 단잠

더치 커피

⋮

『잉글리쉬 페이션트』
골드베르크 변주곡 중 아리아

더치 커피를 생각하면 가장 먼저 떠오르는 곡이 바흐의 '골드베르크 변주곡' 인데, 음악도 음악이지만 재미있는 이야기가 있어 더욱 그렇다.

바흐의 제자이기도 한 클라비아 연주자 골드베르크는 카이저 링크 백작 밑에서 연주를 하며 살고 있었다. 카이저 링크 백작은 당시 심한 불면증에 시달리고 있었다. 어느 날 백작은 바흐에게 불면증을 치료하는 음악을 부탁하였다. 바흐는 카이저 링크 백작에게 신세진 일도 있으니, 은혜를 갚는 마음으로 바쁘지만 백작을 위해 이 곡을 썼을 것이다.

그 후 골드베르크는 백작을 위해 이 곡을 연주하게 되었다. 그렇게 해서 붙여진 이름이 '골드베르크 변주곡'이라는 이야기이다.

이 일화의 사실 여부에 대해서는 아직도 논란이 있다. 진위야 어찌 되었건 사람의 마음을 어루만져 편하게 잠을 이룰 수 있도록 만들어진 곡이라는 사연이 담긴 곡이어서 그런지 이 곡을 들으면 늘 마음이 조용해지고 평화로워지는 것을 느낀다.

이 곡과 연결되어 기억나는 영화 장면이 있다. 영화『잉글리쉬 페이션트』에서 간호사로 나왔던 줄리엣 비노쉬는 폐허가 된 한 수도원에서 영국 환자를 돌보고 있었다. 어느 날 줄리엣 비노쉬는 수도원의 한 방에서 부서진 피아노를 발견한다. 그녀는 먼지가 뽀얗게 앉은 피아노 건반 위에 손을 올려놓고 피아노를 치는데 이때 연주한 곡이 바흐의 '골드베르크 변주곡 중 아리아Aria from Goldberg variations' 였다. 연주 도중 한 병사가 뛰어와 독일군이 지뢰를 피아노에 설치해 두었을지도 모른다며 연주를 멈추라고 하자 줄리엣 비노쉬는 이 곡은 바흐의 곡이고, 그는 독일인이라며 미소를 짓는다. 다 부서진 수도원, 그리고 전쟁으로 상처 입은 사

더치 커피는 와인을 마시는 듯한 착각에 빠질 만큼 특유의 꽃과 과일 향이 동시에 느껴진다.

람들, 이런 메마르고 쓸쓸한 환경을 '골드베르크 변주곡 중 아리아'가 잠시나마 따스하게 감싸 주고 있었다.

내가 이 곡을 들을 때 마시고 싶은 커피가 바로 더치 커피이다. 더치 커피라는 이름은 네덜란드 사람들에 의해 '처음 개발 되었다' 하여 붙여진 것이다. 이 커피는 분쇄된 커피에 찬물을 오랜 시간 방울방울 떨어뜨려 추출한다. 처음 더치 커피가 추출되는 것을 보았을 때 저렇게 해서 어느 세월에 커피 한 잔이 만들어지나 싶었는데, 똑똑 떨어지는 약수처럼 시간이 흐르니 어느새 채워져 있었다. 뜨거운 물이 아니니 그 맛을 끄집어내려면 이렇게 오랜 시간을 주어야 하는 것이다. 더치 커피는 어떤 원두를 사용하느냐에 따라 맛의 차이가 있지만 쓴맛이 강하지 않은 특징이 있어 누구나 편하게 마실 수 있다. 또한 찬물을 사용하기 때문에 뜨거운 물에서 잘 추출되는 카페인 성분은 일반 커피보다 적다.

지금까지 모든 커피는 분쇄된 커피와 뜨거운 물이 만나 만들어진 것인데 반해 더치 커피는 분쇄된 커피와 찬물이 만나 추출이 된 커피이니만큼 색다른 맛이 나올 수밖에 없으리라.

와인의 질감을 닮은 부드러운 촉감은 일순간에 입안을

평정하고 과일 향을 동반한 깊이 있는 단맛과 신맛은 와~ 하는 탄성이 나올 만큼 독특하다. 진한 더치 커피를 와인 잔에 부어 향을 음미하며 마시다 보면 와인을 마시는 듯한 착각에 빠질 만큼 특유의 꽃과 과일 향이 동시에 느껴진다.

피곤한 하루, 깊은 휴식이 필요한 날, 카페인이 단잠을 방해할까 걱정되는 날, 와인 잔에 더치 커피 한 잔을 담고 깊은 향미를 음미하며, 마음을 평화로이 어루만져 줄 수 있는 곡 바흐의 '골드베르크 변주곡 중 아리아'를 듣다 보면 편안한 휴식이 따라 올 것이다.

서로 다른 삶에 올려진 달콤한 크림

아이리시 커피

⋮

『원스』

If you want me

어느 상쾌한 초겨울 산행을 떠난 적이 있었다. 산을 자주 오르지 않은 탓에 제대로 복장이나 장비를 갖추지 않고 가벼운 마음으로 편하게 출발했다. 산의 아름다운 경치에 반해 피곤한 줄도 모르고 한참을 올랐다. 그렇게 시간이 꽤 흘러 산 중턱에 있는 산장에 도착하여 잠깐 휴식을 취하는데, 그때부터 땀이 식으면서 한기가 왔다. 산행에 대한 나의 부실한 준비를 후회하고 있을 즈음, 일행 중의 한 명이 추위도 덜어주고 피로도 풀어 준다며 위스키 한 잔을 건네주었다. 나는 추위에 얼어붙은 몸속에 차가운 위스키를 붓고 싶지 않아 망설이다가 산장에서 얻은 뜨거운 커피에 위스키를 부었다. 추위와 환경 탓인지 기대했던 것 이상으로 맛이 있었다. 그렇게 마신 위스키 덕인지 몸도 훈훈해지고 힘든 것도 잠시 잊게 되어 무난하게 정상에 올랐다.

그날 내가 어설프게 만들어 마신 아이리시 커피 탓에, 지금도 추운 겨울이 오면 아이리시 커피가 생각나곤 한다. 아이리시 커피는 큼지막한 유리잔에 아이리시 위스키를 부은 다음 커피를 넣고 위에 휘핑크림을 올려서 만든다.

이 커피를 마실 때 내가 추천하는 방식은, 크림을 휘휘 저어 먹지 말고 잔을 기울여 크림 사이로 커피와 위스키가 크림과 함께 조금씩 흘러나오도록 마시는 것이다. 위스키가 향긋한 커피 향과 함께 달콤하게 입안으로 들어오는 그 맛은 눈이 절로 감길만큼 신비롭다. 한 장르의 음악이 다른 장르의 음악을 만나 만들어 내는 크로스오버 음악처럼 아이리시 커피는 전혀 다른 두 음료가 만나 특별하지만 낯설지 않은 새로운 커피가 된 것이다.

이렇게 사람을 훈훈하게 하는 아이리시 커피를 전해준 아일랜드는 음악에 있어서도 세계적인 아티스트들을 배출한 나라이다. 감성이 풍부하고 서정적인 아일랜드의 민요

위스키가 향긋한 커피 향을 타고 달콤하게 입안으로 들어오는 아이리시 커피. 특별하지만 낯설지 않은 새로운 만남.

'대니 보이'가 있으며, 밴 모리슨, U2, 코어스, 엔야, 웨스트라이프 등 그 이름만 들어도 한번쯤 찾아가 보고 싶은 나라 아일랜드. 그곳에서 전해온 한 편의 영화가 있다. 존 카니 감독의 영화 『원스』.

『원스』는 진실 된 목소리로 마치 가슴속에 담아놓은 사연을 노래하듯 보이는 한 남자로 시작된다. 남자는 아일랜드 더블린의 거리에서 때로는 소나기처럼 시원하게, 때로는 상처받은 자신을 잔잔하게 달래듯 온 마음으로 노래를 한다. 카메라는 꾸밈없이 있는 그대로의 삶을 보여주며 두 주인공 남녀를 조심스레 따라간다.

아직은 서로에게 낯선 두 주인공 남녀가 한 악기상의 피아노 앞에 앉아 함께 노래를 부른다. 음악이 가지고 있는 마법이라고 해야 할까? 음악을 공유하며 서로 리듬을 나누고, 호흡을 맞추며 노래를 부르는 두 사람은 오래된 인연으로 보였다. 호소력 있는 목소리로 두 사람이 부른 곡은 'Falling slowly' 이다. 두 사람이 만들어내는 음악의 온기가 커피 향처럼 포근하고 향기롭게 퍼져 나온다.

늦은 저녁 여자는 더블린의 거리를 걸으며 나지막이 속삭이듯 'If you want me' 를 부른다. 이 곡은 그녀를 힘들게 하는 삶의 무게 탓인지 아름답지만 슬프게 전해진다. 커피와 위스키처럼 서로 다른 삶을 살아가는 두 남녀에게 음악이라는 달콤한 크림을 올려 만들어낸 사랑스런 영화 『원스』.

가슴 깊이 파고드는 아름다운 이 두 곡과 함께하는 아이리시 커피는 더욱 훈훈하게 다가올 것이다.

가슴에 묻어둔 사랑

카페 라떼

⁝

브람스
교향곡 3번 3악장

우리가 즐겨 마시는 카페 라떼는 에스프레소 머신에서 추출된 에스프레소에 스팀 밀크를 넣은 커피를 말한다. 라떼는 이탈리아어로 우유를 뜻하니, 카페 라떼는 우리말로 커피 우유라는 말이 된다. 만약 '라떼 한 잔 주세요' 하면 우유만 마시고 올 수도 있다.

스팀 밀크는 스팀 피처스팀 밀크를 만들 때 사용하는 용기에 적당량의 우유를 부은 다음 에스프레소 머신의 스팀 노즐에 우유를 담구어 스티밍을 하여 만든다. 숙련된 바리스타들은 스팀 밀크를 에스프레소의 크레마 위에 섬세하게 부어 여러 가지 모양을 만들어 내는데 이를 가리켜 라떼아트라고 한다. 여기에서 크레마는 에스프레소 위에 있는 황금색의 고운 거품을 말한다.

가끔 커피 하우스에서 카페 라떼를 마실 때 커피 위에 하트나 나뭇잎 모양 등을 볼 수 있다. 맛있는 커피 위에 예쁘게 그린 모양들을 보면 저절로 미소가 지어진다.

지난해 홍콩의 커피 박람회를 다녀 온 적이 있었다. 그 박람회의 한 행사로 라떼아트 대회가 열렸는데, 대회에는 세계 여러 나라의 바리스타들이 참가하였다. 참가자들은 각자 자기가 갈고 닦은 최고의 작품들을 선보였다. 그 대회를 보고 왜 아트라는 단어를 붙이게 되었는지 새삼 느낄 수 있었다. 예쁘게 그려진 온갖 모양의 커피들은 예술작품 그 자체였다. 대회는 커피와 관련된 사람들의 잔치가 아니라 일반인까지 모두 감상하고 즐길 수 있는 공간이었다. 라떼아트를 배우는 수많은 바리스타들의 열정으로 앞으로도 더 많은 예술품들이 나오기를 기다려 본다. 만약 어디선가 라떼아트 대회나 행사가 열린다면 주저 말고 가보시기를……

이 카페 라떼를 마시며 들으려고 하는 곡이 독일의 작곡가 브람스의 곡이니만큼 지금부터 독일 작곡가들의 이야기를 하려 한다. 음악사를 들여다보면 흥미로운 이야기들이 있다. 바로 같은 시대에 활동했던 음악인들을 함께 알 수 있다는 것이다. 가령 요즘 가요 순위에 나오는 스타 가수들처럼 같은 시간에 함께했던, 그리고 서로에게 영향을 주었던 음악가들을 알게 되는 것이다. 깊게 파고들면 부작용으로 골치가 아플 테니, 간단하게만……

1685년 독일에는 음악가 두 명이 태어나는데, 훗날 한 사람은 음악의 아버지가 되고 또 한 사람은 음악의 어머니로 불리게 된다. 바로 바흐와 헨델이다. 두 사람 모두 일생을 음악과 함께 살았지만, 개인사에 있어서는 조금 다른 삶을 살았다. 헨델은 일생을 독신으로 자유롭게 살았지만, 바흐는 결혼을 두 번하고 20명의 자녀를 낳았다. 20명의 자식을 떠올리고 바흐의 훌륭한 작품들을 들으면 바흐의 아내에게 존경과 박수를 보내고 싶어진다. 삶의 환경이 달랐던 바흐와 헨델은 함께 음악을 나누는 친분은 없었을 것이다.

그 다음은 1810년. 독일에는 슈만이, 폴란드에는 쇼팽이 태어난다. 낭만주의 시대의 두 사람은 꿈결 속에 들려오는 소리처럼, 달빛을 밟고 오는 소리처럼 감미로운 음악들을 선사한 음악가이다. 음악 비평가이기도 했던 슈만은 쇼팽

카페 라떼는 벨벳처럼 보드라운 터치가 전해지는 우유의 맛과, 우유 속에 감추어 두었던 비밀스런 커피의 맛을 향기롭게 전한다. 마치 브람스가 가슴에 묻어두었던 사랑처럼……

의 음악을 사람들에게 알리는 역할도 하였다.

이렇게 동시대를 살았던 유명한 음악가들 중에는 특별한 인연을 맺고 살아간 사람들도 있었다. 슈만과 클라라 그리고 브람스. 슈만은 어머니의 권유로 대학에서 법학을 공부하였지만 마음은 음악에 가 있었다. 결국 슈만은 피아노를 배울 결심을 하고 비크라는 피아니스트를 찾아가 피아노를 배우게 되었다. 이 집을 오가며 음악을 공부하던 슈만은 비크의 딸 클라라와 사랑에 빠지게 되는데, 스승인 비크는 두 사람의 사랑을 강력히 반대하였다. 그렇지만 두 사람의 사랑은 이미 멈출 수가 없었고, 이로 인해 비크와 슈만은 법정까지 가게 되었다. 이렇게 힘든 시간을 보내고 마침내 슈만과 클라라는 결혼을 하게 되었고, 이후 슈만은 많은 곡을 썼다.

행복한 결혼 생활을 하고 있던 어느 날 이 부부에게 브람스라는 청년이 찾아왔다. 슈만은 브람스의 작품에서 그의 재능을 알아보고 브람스가 성공할 수 있도록 도움을 주었다. 형편이 어려웠던 브람스는 도움을 준 슈만에게 깊은 감사의 마음을 가졌다.

그러나 당시 피 끓는 청년 브람스는 자신보다 14살이 많았지만, 아름다운 미모를 갖춘 유명한 피아니스트 클라라에게 조금씩 사랑의 감정을 키워가고 있었다. 브람스의 마음을 정확히 알 수는 없지만 슈만에 대한 의리와 마음속에 자라나는 사랑 사이에서 많은 갈등과 아픔이 있었으리라 생각한다.

슈만은 병으로 브람스와 만난 지 몇 년 되지 않아 세상을 떠나지만 브람스는 계속해서 슈만의 가족을 돌보아 주었다. 클라라에 대한 사랑의 영향이었는지는 모르지만 브람스는 일생을 독신으로 살았고, 클라라가 세상을 떠나고 일 년 뒤 브람스도 눈을 감았다. 결국 브람스는 사랑을 가슴에 묻고 슈만 부부와의 우정을 지켜 냈다.

하트 모양의 라떼아트를 연상하게 하는 카페 라떼는 고소함과 그윽한 커피 향이 있어 언제 어디서건 부담 없이 선택하여 마실 수 있는 커피이다. 또 벨벳처럼 보드라운 터치가 전해지는 우유의 맛과, 우유 속에 감추어 두었던 비밀스런 커피의 맛을 향기롭게 전한다. 마치 브람스가 가슴에 묻어두었던 사랑처럼……

브람스의 교향곡 3번 3악장을 들으면 그림처럼 아름다운 선율 때문에 브람스가 가슴에 묻어둔 사랑과 물씬 풍기는 그의 감성을 느끼곤 한다.

입술을 살짝 누르며 흘러들어 오는 카페 라떼의 부드러움에 기대어 이 곡에 귀를 기울여 보면, 색감 짙은 아름다운 선율들이 따스하게 가슴으로 파고든다.

작은 잔에 담긴 뜨거운 감동

에스프레소

:

비탈리

샤콘느 G단조

뜨거운 열정과 카리스마 넘치는 커피 에스프레소는 영어 익스프레스Express와 같은 뜻이고, '커피의 심장'이라는 별명을 가지고 있다. 에스프레소는 원두를 분말로 가늘게 분쇄한 다음 뜨거운 물을 일정한 압력으로 내려 에스프레소 머신에서 30초 정도 추출한 커피이다. 추출된 양은 30㎖ 정도이고 맛은 커피의 모든 향미를 한번에 쏙 뽑아 내놓은 것처럼 진하고 향미롭다. 특히 에스프레소 위에 있는 황금색의 거품을 크레마라 하는데, 이 크레마에는 커피가 가진 좋은 향미를 담뿍 담고 있다.

에스프레소에 물을 섞어서 아메리카노를 만들고, 스티밍된 우유를 넣어서 카페 라떼나 카푸치노를 만들게 되는데, 에스프레소에 사용되는 원두는 보통 한 종류의 원두를 쓰지 않고 여러 종류의 원두를 블렌딩하여 사용한다.

에스프레소는 풍성한 향과 매끄러운 바디감과 신맛 단맛 쓴맛이 조화를 이루고 있고, 마시고 난 뒤에도 입안에 진한 향이 오랫동안 지속된다. 그 양이 적어 한번에 톡하고 입안에 털어 넣으면 커피와 함께 즐길 수 있는 여유와 정취가 달아날 것 같은 아쉬움은 있지만, 그 맛에 한번 빠지게 되면 작은 한 잔으로도 충분하다고 느끼게 된다.

양이 적다고 작은 잔에 담긴 뜨거운 감동을 그냥 흘려듣는 가벼운 곡처럼 그렇게 마셔버리거나 지나쳐서는 안 된다. 에스프레소와 친해져 깊은 감동의 맛을 느끼려면, 다른 생각을 잠시 접어두고 이 작은 한 잔의 커피에 온 마음을 기울여 그 향미를 음미해 볼 필요가 있다.

이때 함께 할 곡으로 추천하고 싶은 곡이 있다. 짙은 슬픔이 가슴까지 전달되는 곡 '비탈리 · 샤콘느 G단조'. 이탈리아 작곡가 비탈리의 곡으로 끊어질 듯 애절함과 폭풍처럼 몰아치는 슬픔이 가득한 곡이다. 전설적인 바이올리니

에스프레소에 물을 섞어 아메리카노를 만들고, 스티밍 된 우유를 넣어 카페라테나 카푸치노를 만든다. 이 작은 한 잔의 커피에 온 마음을 기울여 그 향미를 음미해 볼 필요가 있다.

스트 야사 하이페츠가 폭발할 듯한 열정으로 연주한 이 곡을 듣게 되면, 온몸이 슬픔에 휘감기는 느낌이 든다.

에스프레소 한 모금을 마시고 입안에 남아도는 온갖 사연들을 '비탈리·샤콘느 G단조'에 싣고 하나씩 풀어보면 이제 이 커피의 모든 베일이 하나씩 벗겨질 것이다. 그리고 에스프레소가 얼마나 많은 맛을 얘기하려 했는지…… 에스프레소의 진한 맛을 가슴 깊이 느껴보고 싶을 때 해볼 만한 일이다.

그리고 이제 에스프레소의 깊은 향미를 즐길 수 있게 되었다면, 싱그러운 아침 창문을 열고 두 팔을 벌려 맞이하는 상쾌한 아침으로 당신을 초대한다. 아침에 마신 에스프레소 한 잔으로 입안에 번지는 커피의 향에 취하게 되면, 자신이 가장 행복했던 순간에 함께 했던 음악의 멜로디가 입에서 흘러나온다.

잊힌 감각을 깨우는 달콤한 키스

카푸치노

⋮

『나인 하프 위크』
Slave to love

카푸치노는 에스프레소 위에 잘 데운 우유와 우유 거품을 올려 만드는데, 기호에 따라 계피가루를 뿌리기도 한다. 카푸치노는 풍성한 우유 거품을 보는 것만으로도 부드러움이 전달되는 커피이다. 잔에 입을 대면 제일 먼저 거품이 입술에 닿는데, 사람들은 이것을 달콤한 키스의 느낌이라 표현하곤 한다.

부드러운 거품과 함께 입안으로 들어오는 고소한 우유와 커피의 향미는 언제 어디서 마셔도 좋은 포근함이 있다. 섬세한 커피의 맛을 우유가 방해하여 그 맛이 둔해지는 느낌이 아니라 우유와 어우러져 만들어낸 또 다른 커피의 매력.

오래 전 한 친구가 비디오 한 편을 들고 집으로 찾아왔다. 친구는 그날 미팅을 했었는데, 상대 여학생이 60번이나 본 영화라고 해서 빌려온 것이란다. "60번 본 사람도 있는데 한번은 봐 줘야 예의지." 하며……

그렇게 우연히 보게 된 영화가 애드리안 라인 감독의 『나인 하프 위크』이다. 지적이고 아름다운 여인 엘리자베스는 어느 날 우연히 멋진 미소를 가진 묘한 매력의 소유자 존을 만나게 된다. 엘리자베스는 존의 거부할 수 없는 매력에 끌려 그가 이끄는 위험하고 자극적인 사랑을 시작하게 되고, 가두어 두었던 자신의 본능 같은 원초적인 감각들을 깨워 나간다.

이 영화는 세련되고 아름다운 영상미와 흥미롭게 진행되는 배우들의 섬세한 심리 변화, 그리고 스크린을 꽉 채우며 흐르는 주옥같은 배경음악 등이 기억되는 영화이다. 무엇보다 치명적인 관능미를 가지고 있는 킴 베신저와 사람을 끌어 들이는 자극적인 미소를 가진 배우 미키 루크는 최고의 조합이었다.

이 영화에서 기억에 남는 몇몇 정사장면이 있지만, 역시

부드러운 거품과 함께 입안으로 들어오는 고소한 우유와 커피의 향미는 언제 어디서 마셔도 좋은 포근함이 있다.

가장 인상적인 장면은 냉장고 앞에 앉아 눈을 감고 있는 엘리자베스에게 달콤한 과일과 시럽으로 천천히 애무해주던 장면이었다. 입으로만 욕구를 충족시키는 구순기 아기처럼, 그녀의 모든 감각을 섬세하게 깨우는 듯 체리, 딸기, 샴페인, 푸딩, 허니 등을 차례로 입술에 가져다주고 느껴 보게 한 뒤 마지막으로 자신의 입술을 살며시 가져가서 하는 가장 자극적이고 달콤한 키스.

어느 화창한 날 커다란 유리창 앞에 따사로이 앉아 마시는 카푸치노라면 Sixpence None The Richer의 'Kiss me' 가 좋겠지만, 같은 장소 그리고 이제 어둠이 내리는 시간이 오면 『나인 하프 위크』의 삽입곡 Bryan Ferry의 'Slave to love' 를 추천하고 싶다.

| 참고도서 |

『2008 '작가'가 선정한 오늘의 영화』 유지나 외 지음, 도서출판 작가, 2008

『365일 팝 음악사』 정일서 지음, 돋을새김, 2005

『49편의 말 많은 영화읽기』 윤문원 지음, 포이즌, 2007

『강모림의 재즈플래닛』 강모림 지음, ㈜안그라픽스, 2006

『글렌 굴드, 피아니즘의 황홀경』 피터 F. 오스왈드 지음, ㈜을유문화사, 2005

『금난새와 떠나는 클래식 여행』 금난새 지음, ㈜생각의 나무, 2003

『기초 커피 바리스타』 전광수 외 지음, 형설출판사, 2008

『길모퉁이 재즈 카페』 이종학 지음, 마로니에북스, 2008

『나를 변화시키는 삶의 지혜』 스즈키 도오루 지음, 시아출판사, 2005

『댄스시네마』 서동호 지음, ㈜대원잉크화학 출판사업부, 2007

『랩소디 인 블루』 이인해 지음, 한길아트, 2004

『명작오페라 해설』 삼호뮤직, 2002

『무대 뒤의 오페라』 밀턴 브레너 지음, 도서출판 아침이슬, 2004

『문화예술 100과사전』 정윤수 지음, 숨비소리, 2007

『바리스타 따라잡기』 이동진 지음, 엠북스, 2008
『박창학의 지구 반대편 음악 이야기 라틴 소울』 박창학 지음, 바다출판사, 2009
『사라예보의 첼리스트』 스티븐 갤러웨이 지음, ㈜문학동네, 2008
『세상의 모든 클래식』 박준용 지음, 마고북스, 2004
『쇼팽의 음악과 사랑』 송숙영 엮음, 종합출판 범우㈜, 1981
『스티븐 코비의 오늘 내 인생 최고의 날』 스티븐 코비 외 지음, 김영사, 2007
『시네마 레터』 신지혜 외 지음, 루비박스, 2009
『언제나 재즈처럼』 정우식 지음, ㈜고려원북스, 2008
『에디트 피아프 신의 목소리를 가진 여자』 황영택 엮음, 도서출판 선녀와나무꾼, 1998
『열려라, 클래식』 이헌석 지음, 돋을새김, 2007
『영화음악 불멸의 사운드트랙 이야기』 박신영 지음, ㈜살림출판사, 2005
『영화음악-현실보다 깊은 소리』 성기완 지음, 도서출판 한나래, 2003
『오페라 로만티카』 백남옥 지음, 도서출판 북스페인, 2007
『오페라, 행복한 중독』 이용숙 지음, 예담 출판사, 2003
『와인 만드는 교수, 박원목의 와인 강의』 박원목 지음, 김영사, 2007
『완전한 에스프레소, 커피의 이해』 문준웅 지음, ㈜아이비라인 월간 COFFEE, 2008
『우리 생애 최고의 영화』 허상문 지음, 열린시선, 2009
『월드뮤직, 멀리서 들려오는 메아리』 서남준 지음, ㈜대원사, 2003

『월드뮤직, 세계로 열린 창』 심영보 지음, 도서출판 해토, 2005

『음악가와 연인들』 이덕희 지음, 도서출판 가람기획, 2002

『이제는 와인이 좋다』 이주호 지음, 바다출판사, 1999

『재즈 매혹과 열정의 연대기』 스터즈 터클 지음, 이매진, 2006

『재즈 플레이 1, 2』 이정열 지음, 친구미디어, 2000

『재즈 한 번 들어볼래?』 심재경 지음, 하성우디자인연구소, 1996

『재즈처럼 자유롭게』 곽동훈 지음, 도서출판 글나루, 1996

『전광수의 커피 로스팅』 전광수 지음, ㈜아이비라인 월간 COFFEE, 2008

『책 속의 책 2001』 폴 임 지음, 평단문화사, 2001

『청소년을 위한 서양음악사』 이동활 지음, 도서출판 두리미디어, 2002

『춤에 빠져들다』 이용숙 지음, 도서출판 열대림, 2004

『커피』 조윤정 지음, ㈜대원사, 2007

『커피이야기』 원융희 지음, 학문사, 1999

『커피풍경』 김은실 외 지음, MJ미디어, 2009

『클래식은 내친구 1, 2』 김정환 지음, ㈜웅진닷컴, 1995

『탱고 강렬하고 아름다운 매혹의 춤』 배수경 지음, ㈜살림출판사, 2007

『팝송은 죽었다』 이종환 지음, 리즈앤북, 2004

『팝음악의 결정적 순간들』 조정아 지음, 돋을새김, 2004

『한 권으로 보는 중국사 100장면』 안정애 외 지음, 도서출판 가람기획, 1993

『허형만의 커피스쿨』 허형만 지음, 팜파스, 2009

『CJK 레퀴엠』 진중권 지음, 휴머니스트, 2003

『COFFEE INSIDE』 유대준 지음, 해밀&Co., 2009

『KBS FM 월드뮤직』 김진우 외 지음, 문학사상사, 2005

『KINO MUSIC』 박지연 지음, 혜성문화사, 1995

두산백과사전 EnCyber & EnCyber.com

네이버 백과사전, 네이버 국어사전

커피에 담긴 리듬을 깨우다

초판 1쇄 인쇄 | 2010년 6월 11일
초판 1쇄 발행 | 2010년 6월 25일

지은이 | 민한중
펴낸이 | 장세우

편 집 | 황병욱
총 무 | 김인태, 정문철, 김영원

펴낸곳 | (주)대원사
주 소 | 140-901 서울시 용산구 후암동 358-17
전 화 | 02. 757. 6717(대)
팩 스 | 02. 775. 8043
등록번호 | 등록 제3-191호
홈페이지 | www.daewonsa.co.kr

Daewonsa Publishing Co., Ltd
Printed in Korea

ISBN | 978-89-369-0801-0 03600

잘못 만들어진 책은 바꾸어 드립니다.
책값은 뒤표지에 있습니다.